10 mandamentos para fracassar nos negócios

10 mandamentos para fracassar nos negócios

DONALD R. KEOUGH

SEXTANTE

Título original: *The Ten Commandments for Business Failure*

Publicado em acordo com Portfolio, um membro do Penguin Group (USA) Inc.

tradução: Regina Lyra
preparo de originais: Valéria Inez Prest
revisão: Ana Grillo, Hermínia Totti e Joana Faro
projeto gráfico e diagramação: Marcia Raed
capa: Miriam Lerner
impressão e acabamento: Yangraf Gráfica e Editora Ltda.

CIP-BRASIL. CATALOGAÇÃO-NA-FONTE
SINDICATO NACIONAL DOS EDITORES DE LIVROS, RJ

K45d

Keough, Donald R.
10 mandamentos para fracassar nos negócios / Donald R. Keough; tradução de Regina Lyra. Rio de Janeiro: Sextante, 2010.

ISBN 978-85-7542-536-7

1. Empresas – Falência. I. Título: Dez mandamentos para fracassar nos negócios.

CDD: 658
09-6443 CDU: 005

GMT Editores Ltda.
Rua Voluntários da Pátria, 45/1.404 – Botafogo
22270-000 – Rio de Janeiro – RJ
Tel.: (21) 2286-9944 – Fax: (21) 2286-9244
E-mail: atendimento@esextante.com.br
www.sextante.com.br

SUMÁRIO

PREFÁCIO

SEMPRE FIZ QUESTÃO de tentar me relacionar com pessoas melhores do que eu. Não há dúvida de que isso nos faz evoluir. Deu certo no meu casamento e também na minha relação com Don Keough.

Quando estou com ele, me vejo na escada rolante ascendente. A visão que ele tem a meu respeito e do que sou é tão otimista que consegue ampliar meus horizontes e me deixar mais confiante em mim mesmo e no mundo ao meu redor. Na companhia de Don, aprendemos o tempo todo. Ele é um líder empresarial extraordinário. A maior conquista dos bons executivos é conseguir que as coisas sejam realizadas por outros, e não por eles mesmos. Don é alguém capaz de atrair pessoas de todos os tipos no mundo inteiro dispostas a ajudá-lo a ter sucesso. Eu o vi fazer isso.

Talvez seja porque ninguém melhor do que ele entende o aspecto humano das situações. Don consegue aconselhar mais sabiamente meus próprios filhos do que eu, e eles o adoram por isso. E faz o mesmo por qualquer um que chame de amigo – e nesse caso estamos falando de uma boa quantidade de gente.

O Graham Group, batizado com o nome do meu mentor, Ben Graham, é um grupo de pessoas que se encontram a cada dois anos, mais ou menos. Meus amigos mais próximos, inclusive Don, comparecem a essas reuniões. Todos querem que ele seja o expositor da palestra principal e o apresentador desses encontros. Bill Gates, em particular, sempre insiste para que esse papel caiba a Don Keough. Simplesmente adora ouvi-lo, porque suas palavras são sensatas e transmitem uma boa dose de inspiração. Ele pode nos mandar para o inferno de um jeito tão agradável que dá até para curtir a viagem.

Don faz parte do conselho diretor da Berkshire Hathaway porque está entre as pouquíssimas pessoas com quem sinto que posso deixar as chaves de casa.

Somos amigos há mais de 50 anos, desde a época em que morávamos um em frente ao outro na rua Farnam em Omaha, Nebraska. Éramos, então, apenas dois homens trabalhando para sustentar nossas famílias. Se disséssemos a alguém que um de nós se tornaria presidente da Coca-Cola e que o outro dirigiria a Berkshire Hathaway, garanto que ouviríamos: "Espero que seus pais tenham dinheiro suficiente para bancar vocês dois."

Certa vez, bati na porta dele e lhe pedi que investisse cerca de 10 mil dólares comigo. Don se recusou categoricamente. Acho que eu também reagiria desse modo naquela época.

Nossas famílias eram muito amigas. As crianças viviam num vaivém entre as casas. Foi duro para os meus filhos quando a família de Don precisou se mudar para Houston. Houve uma boa dose de choro no dia em que eles partiram.

É interessante pensar nisso. Don e eu morávamos a menos de 100m de distância de onde meu futuro sócio, Charlie Munger, cresceu. Don foi para Houston e Atlanta; Charlie mudou-se para Los Angeles. Mais tarde, porém, voltamos a nos encontrar como amigos próximos e sócios, com muito de Omaha ainda bem vivo dentro de nós. Hoje, é claro, há pessoas que dizem ser de lá só porque dá status.

Depois que Don se mudou de Omaha, continuamos em contato. Eu o via no Alfafa Club e até, como aconteceu uma vez, na Casa Branca. Então, em 1984, ele leu um artigo em que eu elogiava a Pepsi: "De preferência com um toque de xarope de cereja." No dia seguinte, ele me mandou o novo produto da Coca-Cola, a Cherry Coke, e me convidou para provar "o néctar dos deuses" num teste. Depois de beber, eu disse a ele: "Esqueça os testes. Não entendo muito desse assunto, mas sei que essa Coca-Cola com sabor de cereja vai ser um sucesso."

Troquei de marca no ato e declarei imediatamente a Cherry Coke o refrigerante oficial da Berkshire Hathaway.

Alguns anos depois, comecei a comprar ações da Coca-Cola, porém não disse nada a Don porque achei que talvez ele tivesse que contar isso ao advogado da empresa, e quem sabe no que essa história podia dar. Não quis deixar meu amigo numa situação delicada.

Seja como for, ele me ligou e perguntou:

– Você, por acaso, anda comprando ações da Coca-Cola?

Respondi:

– Por acaso, ando sim.

Àquela altura detínhamos 7,7% da empresa.

Foi uma decisão natural, sobretudo porque ele era o presidente da companhia. Para mim, a Coca-Cola em 1988 era uma organização que sabia o que estava fazendo e estava no caminho certo, o que, consequentemente, a tornava muito valiosa.

Se fosse o caso de escolher alguém para personificar a Coca-Cola, Don Keough seria a pessoa certa. Ele foi e é o Sr. Coca-Cola. Pertence à escola de Benjamin Franklin: "Cuide do seu negócio e ele cuidará de você." Em essência, Don sempre fez o que considerava o melhor para essa empresa e acredita que ela sempre fará o melhor por ele.

Seu maior talento é ser direto em qualquer questão, desvencilhando-se da burocracia. Simplificar é o seu princípio – e o meu também.

Herbert Allen diz que Jack Welch e Don Keough são os únicos empresários que teriam tido chance de ocupar o cargo de presidente dos Estados Unidos se tivessem se candidatado. Concordo. Os dois têm brilho natural. Com ambos aprendemos muito.

Após todos esses anos, sempre que me encontro com Don Keough me sinto revigorado, exatamente como acontece quando bebo uma Cherry Coke. Ele jamais perde o gás. Integrou o conselho diretor da Coca-Cola e agora está no da Berkshire. Continua entusiasmado e atuante, sempre cheio de planos e ideias, incitando todos nós a sonhar. Fico encantado em saber que este livro ajudará muitas pessoas a partilhar a mentalidade singular de Keough.

– WARREN BUFFETT

INTRODUÇÃO

HÁ MAIS DE DUAS DÉCADAS, quando eu era presidente da Coca-Cola Company, me convidaram para ser o expositor da palestra principal e o apresentador de uma enorme convenção de clientes em Miami. O tema do evento era "Junte-se aos Vencedores", e me perguntaram se eu poderia falar sobre como ser bem-sucedido nos negócios. Trocando em miúdos, eles me pediram o segredo do sucesso.

Era uma tarefa lisonjeira, mas nunca houve escassez de palestrantes e escritores dispostos a dar orientações testadas e comprovadas sobre como vencer no mundo empresarial. De treinadores de futebol a ex-presidentes de empresas, passando por psicólogos, professores, padres e cartomantes, os gurus do sucesso exibem seu produto em livros e em palcos do mundo inteiro. É claro que tudo tem seu lado positivo, porém a maioria dessas mensagens se resume a clichês como "Dê duro" e "Faça o que a mamãe mandar". Embora eu tenha trabalhado nessa área durante toda a minha vida, jamais consegui elaborar um conjunto de regras ou uma fórmula detalhada que assegure o êxito em alguma coisa, muito menos em um campo tão dinâmico e sujeito a mudanças como o dos negócios.

Vejamos, por exemplo, a questão da liderança, que vem sendo pesquisada à exaustão, mas sem conclusões definitivas. Um professor de Sociologia que estudou esse tema ao longo de sua vida acadêmica disse que havia acompanhado a carreira de quase 2 mil alunos seus e que, após o término da pesquisa, concluíra que a única maneira de identificar um líder era verificar se ele tinha seguidores.

Assim, quando me pediram que falasse sobre como vencer, respondi que não seria capaz. O que eu podia, no entanto, era falar sobre como fracassar e garantir que qualquer um que seguisse a minha fórmula seria um perdedor vitorioso.

Por esse motivo, fiz uma curta palestra que, com o tempo, acabou se transformando nos "10 Mandamentos de Keough para Fracassar nos Negócios". Logo depois, ela deu origem a este livro, que se baseia nos meus mais de 60 anos de experiência na área. Meu aprendizado teve início em 1949 no novo meio de comunicação da época: a televisão. A emissora era a WOW-TV, de Omaha, Nebraska.

O primeiro contato que tive com a televisão ocorreu quando eu era aluno da Universidade Creighton. Com uma ideia meio vaga de me formar em Direito, obtive um diploma em Ciências Humanas com especialização em Filosofia. Ao longo dos anos, porém, não vi um único anúncio de oferta de emprego para filósofo. Eu adorava estudar grandes polêmicas, como o homem e seu lugar no Universo, a natureza do bem e do mal e as ilusões e as verdades da vida. Embora a maioria dos graduados em Administração de Empresas zombe desses conhecimentos "inúteis", boa parte da história mundial pode ser atribuída à aceitação ou à rejeição de ideias que alguns filósofos defenderam há muitos anos.

Meu interesse pela área de Ciências Humanas me levou também ao círculo dos debates e do discurso improvisado e, por fim, ao das artes cênicas, até que fui "descoberto" e convidado a apresentar um evento na Faculdade de Medicina da universidade. Tratava-se da cirurgia de um animal doente que seria transmitida ao vivo pelo circuito interno de televisão para os monitores do enorme anfiteatro do campus. Infelizmente, o pobre bichinho morreu logo no início do procedimento, o que me deixou com bastante tempo livre para embromar até que trouxessem outro animal. Graças a Deus, era uma transmissão em circuito fechado e, provavelmente, havia um número bem pequeno de espectadores no auditório. Acho que com isso me tornei um pioneiro em reality shows. Embora apaixonado pelo campo da Comunicação, cursei algumas matérias de Direito na esperança de ser cativado por essa área. Por fim, no entanto, acabei voltando à Comunicação.

Na faculdade, ganhei uma bolsa de estudos para um veículo de comunicação, o que me deu a chance de estagiar na WOW-TV. Quis a sorte que meu trabalho de estreia fosse narrar a primeira transmissão ao vivo de uma partida de futebol americano fora de Chicago. Realizado em Omaha, era um dos jogos da pré-temporada da National Football League. Em campo, os Rams, de Los Angeles, e os Giants, de Nova York. O narrador habitual dos eventos esportivos fez uma rápida análise do novo meio de comunicação e disse a quem quisesse ouvir que a transmissão desse tipo de competição pela TV jamais daria certo.

A narração que fiz daquela partida não foi exatamente o ponto alto da minha vida. O campo era um estádio de beisebol reformado, e acabei ficando diante de um microfone na extremidade da linha de fundo. Dali, eu não tinha uma visão ideal dos jogadores – não conseguia identificá-los nem acompanhar sua movimentação. E, como o estádio era mal iluminado, só dava para ver metade do campo. Para piorar, meu olheiro, que deveria me ajudar a identificar os jogadores, chegou bêbado. Evidentemente, eu não era capaz de dizer duas frases que fizessem sentido.

A cobertura daquela partida foi uma preliminar das transmissões ao vivo que a WOW-TV faria dos jogos locais da Universidade de Nebraska ainda naquele ano. Embora o número de aparelhos de televisão no estado fosse muito pequeno, isso não diminuiu em nada o entusiasmo da direção da emissora, que acreditou em sua premonição de que o novo meio de comunicação varreria do mapa seus antecessores. No fim das contas, foi o que aconteceu.

Depois do meu começo nada auspicioso com o jogo dos Rams e dos Giants, me deixaram, sei lá como, narrar todos os jogos de que a universidade participaria naquele ano. Eu tinha que ajudar a arrastar todo o equipamento até a minúscula cabine, mas valia a pena. Minha recompensa era a "nababesca" quantia de 55 dólares semanais. Por esse salário, eu apresentava também o talk show diário *Keough's Coffee Counter*, que era seguido por um programa muito mais profissional e divertido apresentado por outro jovem iniciante na nova mídia, Johnny Carson. Ele também ganhava 55 dólares por semana. Johnny e eu fizemos uma amizade que dura até hoje.

Embora a atividade televisiva fosse interessante, recebi do patrocinador do meu programa, a Butternut Coffee, da Paxton & Gallagher, uma proposta de contratação pela generosa quantia de 75 dólares semanais. A Paxton & Gallagher, sediada em Omaha, era uma atacadista regional de gêneros alimentícios. Com esse novo trabalho eu teria um pouco mais de dinheiro, viajaria menos e passaria mais tempo com minha mulher, Mickie. Por isso saltei para o mundo dos negócios no fim de 1950 e jamais olhei para trás.

Em 1958, Gilbert e Clarke Swanson, que tinham acabado de vender para a Campbell Soups a sua bem-sucedida Swanson Foods, compraram a Paxton & Gallagher da família Gallagher. Rebatizaram-na de Butternut Foods e traçaram grandes planos de expansão. Com isso teve início um novo capítulo da minha vida empresarial. Os irmãos Swanson, vale lembrar, começaram a enriquecer nos anos 1950 graças a um produto extremamente simples desenvolvido com a então nova tecnologia de congelamento, que atendia dois desejos de consumo da época: ver mais televisão e dispor de refeições mais fáceis de preparar. E assim nasceu a comida congelada semipronta.

Após a morte de Clarke Swanson, a Butternut Foods foi vendida e me vi em outro emprego numa empresa nova e maior, a Duncan Foods, em Houston, Texas. A companhia era dirigida por Charles Duncan, que mais tarde se tornou presidente da Coca-Cola Company e, depois, vice-secretário de Defesa e secretário de Energia do governo Carter.

Tempos depois, a Duncan Foods foi comprada pela Coca-Cola Company, empresa em que desempenhei uma série de papéis – ajudando a representar, ao longo de 30 anos, a marca mais conhecida do mundo – até suceder Charles Duncan na presidência em 1981. Praticamente toda a minha carreira empresarial foi construída na Coca-Cola Company, o que explica as muitas referências que faço neste livro à vida nessa fantástica organização global.

O uso dos exemplos envolvendo a Coca-Cola Company se justifica porque a empresa é muito diversificada e multidimensional. Sua ação passa pela fabricação, distribuição e varejo, abrangendo desde pontos de revenda nas ruas a grandes atacadistas e atingindo pessoas de todas as raças, religiões e culturas em quase 200 países. Por meio do meu trabalho na Coca-Cola Company, conheci presidentes, ditadores, líderes de mercado, poetas, pintores e astros do cinema. Mais importante ainda foi ter tido o privilégio de conversar com parceiros da empresa: engarrafadores e proprietários de estabelecimentos do setor de alimentação que vendem o refrigerante, além de consumidores em todas as partes do mundo – do Círculo Polar Ártico ao extremo sul da Terra do Fogo, do interior da China a regiões pobres da África subsaariana. Embora nenhuma organização seja capaz de envolver o mundo todo nem toda a humanidade, a Coca-Cola Company chega bem perto disso.

Neste livro, quando menciono situações em que executivos da empresa, entre os quais me incluo, caíram nas armadilhas do fracasso, tenho também o prazer de mostrar que a maioria desses desastres durou relativamente pouco, pois medidas corretivas foram adotadas com rapidez, permitindo que a organização sobrevivesse e prosperasse.

Considero importante começar falando sobre meu relacionamento com Roberto Goizueta durante nossos 12 anos de liderança conjunta na Coca-Cola Company. Embora estivéssemos trabalhando para a organização há anos e fôssemos amigos, no início de março de 1981 Roberto se tornou presidente do conselho diretor e CEO da empresa, e eu, presidente e executivo-chefe de operações.

Tínhamos um relacionamento ímpar e uma tarefa de peso à frente. Como eu era o executivo-chefe de operações e também membro do conselho diretor, Roberto me deu ampla autoridade para dinamizar o sistema Coca-Cola em mais de 200 países. Mas não me entenda mal. Embora generoso a ponto de me delegar autoridade, ele não podia me conceder a responsabilidade que lhe cabia como CEO – e, de fato, não fez isso. Roberto era, na verdade, meu supervisor e um dos líderes mais brilhantes da história empresarial americana. Em 1981, o valor de mercado da companhia era de 4 bilhões de dólares; quando Roberto morreu, em 1997, ela valia 145 bilhões de dólares.

Desde que saí da Coca-Cola Company e me aposentei, há mais de 10 anos, continuo atuando no mundo empresarial como presidente do conselho diretor da Allen & Company, um banco de investimentos. Com esse currículo, portanto, apresento aqui os 10 Mandamentos para Fracassar nos Negócios com a certeza de que, se você seguir à risca pelo menos um deles, será fatalmente malsucedido nos negócios ou, no mínimo, se verá no caminho certo para isso.

Existe um exército de autodenominados especialistas nessa área prontos a apontar as causas do fracasso. Munidos de milhares de slides em PowerPoint, eles apresentam explicações estratégicas detalhadas dos motivos que levam ao desastre, entre os quais estão: prestar um mau atendimento ao cliente, subestimar a concorrência, desarticular a cadeia de fornecedores, fazer más aquisições e/ou dívidas em excesso, etc. Tudo isso costuma ser descrito como um erro coletivo abstrato, como "A empresa não inovou", "A empresa ignorou os fundadores", "A empresa fez isso", "A empresa não fez aquilo".

Mas as empresas são construções artificiais. Não são elas que deixam de realizar alguma coisa, e sim as pessoas. E, quando investigamos melhor, descobrimos que o fracasso não é causado por uma série de erros estratégicos – embora eles possam existir de uma forma ou de outra. A falha real está, como observou Shakespeare, em nós mesmos, os líderes empresariais. As organizações são o produto e a extensão das características pessoais de seus dirigentes – a sombra dos homens e das mulheres que as administram. Somos nós os atores principais no palco empresarial. Por isso, quando, por meio de um ou mais fracassos pessoais, conduzimos o negócio na direção errada, ele está fadado a ser malsucedido.

Embora se apliquem a qualquer negócio em qualquer estágio de desenvolvimento, esses mandamentos se destinam principalmente a organizações e líderes empresariais que já alcançaram algum nível de êxito. Quanto mais conquistas uma empresa obtém, maior sua probabilidade de seguir essas diretrizes. Portanto, se você dirige um negócio, grande ou pequeno, que esteja realizando ótimas vendas e lucrando muito, cuidado. Neste momento você corre o risco de adotar um dos 10 Mandamentos e dar de cara com o fracasso logo ali na esquina.

Essas regras para garantir o fracasso não denunciam ninguém em especial, embora eu mencione alguns nomes como exemplos. Elas também não são nenhuma descoberta extraordinária em termos de pensamento gerencial, mas apenas manifestações de bom senso.

Mostre-me um negócio falido e apostarei com relativa segurança que seus líderes abraçaram mais de um desses mandamentos. Um passo na direção da ruína, quando não é revertido, desencadeia outro.

Por isso, encare este livro como um alerta. Caso se veja como seguidor de uma ou mais dessas regras, fique atento. Você está a caminho do fracasso e vai arrastar sua empresa para o mesmo destino.

Primeiro Mandamento – Topo da lista

PARE DE CORRER RISCOS

> *"Quem tem excesso de cautela pouco realizará."*
> – Friedrich von Schiller

PARA A MAIOR PARTE DOS POVOS, durante quase toda a história da humanidade, a aversão ao risco foi a disposição predominante. Caçadores-coletores se aventuravam longe, supomos, mas, depois que a revolução agrícola permitiu que os seres humanos se fixassem num lugar, a maioria optou por isso. Eles decidiram viver como seus pais e avós tinham vivido, jamais se arriscando a sair de suas aldeias. E por uma boa razão: o mundo fora dali era perigoso. Basta dar uma espiada nos antigos mapas marítimos para ver que as áreas sinistras eram classificadas de *terra incognito* (território desconhecido) e, algumas vezes, até ilustradas com alertas ameaçadores do tipo "Aqui existem dragões". Quem ia correr o risco de navegar até esses lugares?

Houve quem se aventurasse, é claro. Mas a maioria das pessoas ficou em casa. Muitas coisas poderiam acontecer com alguém que se dispusesse a isso – e, provavelmente, a maior parte desses eventos seria ruim.

Meu bisavô, Michael Keough, por exemplo, tinha apenas

18 anos quando, em 1848, partiu da Irlanda e, sozinho, assumiu o risco de cruzar "a bacia de lágrimas amargas", como o Atlântico fora chamado por um escritor do seu país. As condições nos navios eram então terríveis, com superlotação, ratos, sujeira, doenças e comandantes obstinados que pouco ligavam para a "carga" que transportavam. No caminho, os corpos dos mortos eram atirados ao mar ou descarregados no primeiro porto em que as embarcações ancoravam. Em Grosse Île, no Canadá, milhares de imigrantes irlandeses foram enterrados em túmulos anônimos. Somente os escravos africanos chegavam aos Estados Unidos em pior estado.

As pessoas que conseguiam sobreviver à viagem descobriam que o que as aguardava pouco tinha de "Terra Prometida". A realidade era, isso sim, um futuro de trabalho brutal de sol a sol. Meu bisavô concluiu que a única ocupação possível era carregar pedra numa pedreira em Pittsfield, Massachusetts, 16 horas por dia – atividade que estava apenas um nível acima dos trabalhos forçados realizados por detentos. Embora essa labuta não garantisse muita comida nem segurança, ele logo se casou e teve filhos. Por isso, tudo leva a crer que Michael tenha sido tentado a criar raízes e permanecer naquela cidade.

Faz sentido pensar dessa forma porque, quando obtemos uma conquista, por menor que ela seja, nos sentimos profundamente inclinados a parar de correr riscos.

É da natureza humana. Se conseguimos algo, por que nos arriscar a perdê-lo? Quem sabe o que existe do outro lado da montanha? Nada de ir até lá!

Imagino que meu bisavô ouvisse essas frases ecoando em sua cabeça e provavelmente também da boca dos que o cercavam em Pittsfield.

"Fique aqui. Você tem um emprego. Carregar pedra é uma ocupação digna. Milhares de pessoas por aí não têm nada."

No entanto, em vez de se acomodar à rotina conhecida, embora estafante, que aquela cidade oferecia, Michael correu o risco e migrou, atravessando parte do país numa grande carroça coberta. Foi parar num lugar distante chamado Iowa. Ainda bem, para mim.

Em Iowa, seu filho, John, meu avô, continuou a cultivar o pedaço de terra que Michael, assim como outros colonizadores, havia recebido do governo. Ele arriscava tudo, ano após ano, em plantações sujeitas a geadas, tempestades de areia e ataques de gafanhotos. Lembro-me de ter ouvido que, por causa da escassez de árvores na propriedade, toda semana meu avô precisava percorrer cerca de 30km numa carroça puxada a cavalos, até chegar ao rio Rock, onde cortava lenha, a única fonte de combustível. Um dia, quase decepou o dedão do pé com uma machadinha. E ele simplesmente colocou o dedo no lugar, enfaixou-o com aniagem e terminou o trabalho.

O dedo, o pé e meu avô se recuperaram – sem antibióticos, cabe acrescentar.

A maioria de nós descende de indivíduos notáveis que pegaram o navio quando quase todo mundo permaneceu onde estava. E muitas dessas pessoas nem sequer tiveram a oportunidade de desembarcar. As que sobreviviam à travessia do Atlântico ou do Pacífico (ou das montanhas, da pradaria ou do deserto) eram "recompensadas" com uma sucessão de dificuldades terríveis ao trabalharem em fazendas, na construção de ferrovias e em perigosas e imundas minas e fábricas inimagináveis nos dias de hoje. Em 1900, as despesas das famílias americanas com funerais eram quase duas vezes maiores do que com remédios. De alguma forma, porém, elas conseguiram ir em frente.

Comparado àquele cenário de tremendas dificuldades que nossos antepassados superaram, um dia no escritório hoje – por mais tenso e desafiador que seja – parece um passeio no parque.

No entanto, quando nossa vida fica mais fácil, mais próspera e mais confortável, a tentação de parar de correr riscos aumenta muito.

Trata-se de uma das principais mazelas do sucesso. É fácil sucumbir, sobretudo à medida que envelhecemos. Não estou falando de 60 anos. Essa doença pode atacar aos 40. O indivíduo diz a si mesmo: "Sempre vivi no aperto, preocupado, sem dormir. Já chega. Estou satisfeito com a posição que tenho agora."

Alguns talvez concluam que o risco do empreendedor novato que hipoteca tudo o que possui, inclusive a própria casa, a fim de testar uma nova ideia ou até mesmo de se aventurar como pioneiro num setor é o tipo de risco mais difícil de correr. Quatro em cada cinco novos negócios fracassam. A maioria dos novos produtos não passa no teste de mercado e, quando isso acontece, a novidade tem apenas uma chance em 13 de alcançar o sucesso. De acordo com a The National Federation of Independent Business Research Foundation, apenas metade dos negócios que geram emprego continua operando cinco anos após sua abertura – e muitos deles com prejuízo.

Igualmente difícil, e às vezes ainda mais, é nos arriscarmos quando estamos obtendo um sucesso constante e substancial, isto é, quando existem indicações suficientes de que o risco talvez nem seja necessário. Hoje, uma quantidade significativa de tempo e esforço é dedicada à avaliação de riscos com base em diversas perspectivas, desde as probabilidades estatísticas de prejuízos reais até possíveis problemas com regras e regulamentos de governança corporativa. Não sou especialista na ciência da avaliação de riscos. Na minha experiência como administrador, o principal pré-requisito para explorar a possibilidade de assumir um risco novo ou maior era a sensação inquietante de que as coisas precisavam melhorar, de que nosso futuro estaria em perigo se não tomássemos uma providência – ou pior, a sensação de que estávamos perdendo uma oportunidade. Eu me sentia muito desconfortável na Coca-Cola Company sempre que tudo parecia estar indo muitíssimo bem. Como dizem os russos, "Quando tudo vai bem demais, também é mau sinal".

É provável que eu causasse irritação em uns e outros quando, com uma regularidade considerável, saía perguntando a altos executivos da empresa: "Por que vocês acham que tudo está correndo tão bem? Será que não existe algo que deva nos preocupar hoje para garantir que teremos outra coisa com que nos preocupar amanhã?"

> *"O mundo é dos insatisfeitos."*
> – Oscar Wilde

ROBERT WOODRUFF, o patriarca e verdadeiro criador da moderna Coca-Cola Company, adorava essa frase de Oscar Wilde e a citava com frequência.

A Coca-Cola foi fundada em 1886. Em 1930, mesmo após anos de sucesso, Woodruff estava insatisfeito. Ele queria consolidar a então incipiente atuação da empresa no exterior e se expandir ainda mais no mercado internacional. Compreensivelmente, na avaliação do conselho diretor, aquele não era o momento adequado para uma aventura desse porte. O mercado de ações tinha quebrado em 1929. A Alemanha, a Itália e o Japão desembainhavam seus sabres. A única certeza era a extrema incerteza.

E como reagiu Woodruff? De um modo que faria algumas sobrancelhas se erguerem hoje. No entanto, naquela época, quando ainda não existia a Comissão de Valores Mobiliários e

Câmbio dos Estados Unidos (SEC), ele correu um enorme risco pessoal. Contrariando o conselho diretor, foi para Nova York e fundou a Coca-Cola Export Corporation. Nem imagino o que teria sido da empresa caso ele não tivesse tomado essa iniciativa, mas certamente não estaria fazendo negócios em mais de 200 países.

A Coca-Cola Export Corporation foi altamente independente até 1973, mais ou menos. Durante aqueles 43 anos, os principais executivos da empresa nos Estados Unidos pouco interagiram com o pessoal que atuava fora do país. Woodruff dava aos profissionais que ele selecionava uma passagem para um lugar distante no exterior, além de algum dinheiro, e não voltava a vê-los até que determinassem quando e como uma unidade da Coca-Cola podia ser fundada. A comunicação entre os países era lenta e incerta. Os negócios tinham que se basear na confiança. Isso criou um forte padrão e uma duradoura filosofia gerencial internacional para os anos que estavam por vir.

Em 1964, encontrei-me no Japão com o executivo escolhido por Woodruff para abrir a empresa naquele país. Ele recebia um monte de memorandos e instruções do pessoal da matriz, passava os olhos nos documentos e jogava quase tudo no lixo. Sabia que tinha a confiança e o apoio dos gestores, e era isso que importava.

Outro risco que Woodruff correu na década de 1930 talvez tenha sido ainda mais importante do que a decisão de expandir as atividades da organização no comércio internacional.

À medida que a Grande Depressão avançava em 1933, empresas faliam, o mercado de ações continuava no vermelho e um quarto dos americanos aptos ao trabalho estava desempregado. A maioria dos especialistas considerava remota a possibilidade de uma nova onda de prosperidade no país. No entanto, nesse cenário sombrio, Woodruff elevou para 4,3 milhões de dólares o orçamento da empresa para publicidade, uma soma recorde na época.

Devíamos ficar felizes por isso, pois foi nos anos 1930 que o Papai Noel gorducho de bochechas rosadas que todos conhecemos e amamos foi criado pelo artista Haddon Sundblom para uma série de anúncios de Natal. Antes da divulgação dessas peças publicitárias, Papai Noel era uma figura bastante austera – parecia disposto a presentear com um pedaço de carvão quem fizesse a mínima travessura. Graças ao risco multimilionário assumido por Woodruff, ganhamos um Papai Noel mais bondoso, carinhoso e fofo – e as vendas de Coca-Cola dispararam.

Com o tempo, muitas organizações bem-sucedidas foram deixando de correr riscos importantes em momentos cruciais e pagaram um preço alto por isso. Algumas apenas tropeçaram e se redimiram mais tarde, contudo boa parte delas não apenas caiu como desapareceu para sempre. Nos anos 1980, 230 empresas sumiram da lista *Fortune* 500 – a relação das 500 maiores companhias americanas publicada anualmente pela revista *Fortune*. Na verdade, apenas 16 das 100 maiores organizações que existiam no início do século XX continuam operando. Quem sabe quantos túmulos no cemitério do capitalismo deveriam ostentar o epitáfio “Aqui jaz uma empresa que morreu livre de riscos”?

Talvez uma das histórias empresariais mais emocionantes e estudadas sobre a decisão de correr riscos e a posterior resolução de não correr riscos seja a da Xerox. Ela causa impacto tanto em termos de triunfo quanto de tragédia.

As raízes da Xerox datam de 1906, quando ainda era a Haloid Company. Em 1947, já com 41 anos de uma bem-sucedida atuação como fabricante de papel fotográfico em Rochester, Nova York, a empresa decidiu se arriscar adotando uma ideia revolucionária que todos haviam rejeitado. Chester

Carlson, um inventor relativamente obscuro do Queens, em Nova York, passara anos tentando despertar o interesse de alguém por sua copiadora "eletrofotográfica". No entanto, segundo ele, sua criação era sempre recebida com uma "entusiástica falta de interesse". Mais de 20 empresas, entre as quais a IBM e a General Electric, viraram-lhe as costas dizendo: "O papel-carbono funciona muito bem."

Carlson acabou entrando em contato com o Battelle Memorial Institute, em Columbus, Ohio, em busca de ajuda para aperfeiçoar o processo que havia concebido. Ali, a Haloid descobriu o invento e obteve licença para desenvolver e comercializar uma copiadora baseada na tecnologia de Carlson. Credita-se a um professor de línguas clássicas da Universidade Estadual de Ohio a criação do termo "xerografia", derivado das palavras gregas para "seco" e "escrita".

Quando conheci a Haloid-Xerox, como foi rebatizada, ela era uma empresa de porte médio e muito convencional. A sede, em Rochester, tinha um piso emborrachado comum e mesas de metal. Ali trabalhavam engenheiros de expressões sisudas que usavam protetores de plástico nos bolsos. Mas o entusiasmo pairava no ar e o clima era de dedicação apaixonada.

Em 1958, uma década após a adoção da ideia de Carlson, uma caixa de metal bege e marrom saiu da linha de montagem experimental. Era a primeira copiadora automática que usava papel comum. Quando foi lançada em 1959 com o nome Xerox 914, fez com que em escritórios de todo o mundo o papel carbono se tornasse uma estranha relíquia de épocas passadas. Dessa forma, um novo substantivo – "xerox" – e, para a tristeza dos advogados de patentes da empresa, uma nova expressão – "tirar uma xerox" – passaram a integrar o léxico global.

Aquele modelo de copiadora tornou-se um dos produtos industriais mais bem-sucedidos do mundo. Mais de 200 mil unidades foram fabricadas entre 1959 e 1976, ano em que a empresa suspendeu sua produção. Hoje, a Xerox 914 está exposta no Instituto Smithsonian como um artefato pertencente à história americana.

A receita da Xerox ultrapassou a marca de 1 bilhão de dólares em menos de 10 anos porque a companhia correu o risco de apostar numa única tecnologia. Depois a empresa perdeu temporariamente o rumo porque parou de arriscar – e em suas próprias invenções, o que é pior.

Transferiu a sede de Rochester para a glamourosa Stamford, em Connecticut. O piso emborrachado deu lugar a carpetes espessos, enquanto as mesas de metal foram substituídas por outras de madeira nobre. A maioria dos funcionários na sede pertencia à era da "caixa". Aquelas pessoas haviam crescido e enriquecido com as copiadoras Xerox, e vender mais desses produtos era o que esperavam do futuro.

Em 1970, a empresa fundou o Centro de Pesquisas em Palo Alto, Califórnia. Em 1973, ali foi apresentado o primeiro "computador pessoal". Esse equipamento era dotado de uma interface gráfica com ícones, "páginas" que se sobrepunham na tela e uma coisinha engraçada chamada "mouse".

Naquele momento, a Xerox tinha uma vantagem inicial de no mínimo cinco anos em relação aos seus futuros concorrentes. Mas os funcionários da sede que pertenciam à era da "caixa" não quiseram correr riscos. Essa atitude, como eu disse, é uma das principais mazelas do sucesso. As outras duas são arrogância e dar-se por satisfeito com o que se conquistou. Os engenheiros que, por fim, deixaram o Centro de Pesquisas na Califórnia para ingressar em outras empresas, como a Apple e a Microsoft, queixaram-se de que não conseguiam sequer ser recebidos pelos altos executivos nas salas acarpetadas de Stamford.

No fim dos anos 1990, a Xerox já não detinha a liderança no setor de copiadoras. Registrava prejuízos e demitia em massa.

Em 2002, a SEC acusou a empresa de irregularidades contábeis e responsabilizou muitos de seus executivos por fraudes na área de segurança. No momento em que escrevo este livro, a Xerox continua entre nós, reinventando-se sob nova direção.

Esse é o exemplo de uma empresa orgulhosa, construída sobre a inovação tecnológica e de tal forma arrebatada pelo sucesso de um tipo de produto que falhou totalmente ao decidir não se arriscar com novas oportunidades que surgiam em suas próprias fileiras, embora do outro lado do país. Ignorou a regra simples de que, para gerar lucros a longo prazo, é preciso inovar a curto prazo.

É claro que o avanço sempre produz alguns fracassos. Na maravilhosa biografia que escreveu de Eisntein, Walter Isaacson conta uma história sobre as coisas que o físico considerava necessárias em seu então novo escritório em Princeton: uma mesa, uma cadeira, alguns lápis, papel e uma grande cesta de lixo para "todos os erros" que, segundo ele, iria cometer. Nos negócios, é possível defender os insucessos, como os projetos Lisa e Power MacCube, de Steve Jobs, porque o ambiente altamente criativo da Apple que os gerou produziu também grandes campeões, como o iPod e o iPhone. Podemos até justificar fiascos que se tornaram casos clássicos nos cursos de Administração nos Estados Unidos – como o Edsel (modelo lançado pela Ford na década de 1940), os discos de 45rpm e a New Coke. Esses fracassos, apesar de todas as lições valiosas que nos ensinaram, são simplesmente experiências arriscadas que não deram certo. Erros de cálculo desse tipo, por mais custosos que possam ter sido na época, são o preço a pagar por quem deseja continuar no mercado. Como observou Peter Drucker há quase 50 anos, a tarefa primordial dos gestores é arriscar com prudência os bens de uma organização, a fim de garantir sua existência futura. Se uma empresa jamais conheceu o fracasso, talvez seja porque seus líderes não estão insatisfeitos o bastante para justificar o salário que ganham.

A Xerox não estava descontente de forma nenhuma. Ao contrário, sentia-se muito confortável. E, como eu disse, nesse estado de espírito, a tentação de parar de correr riscos é tão grande que chega a ser quase irresistível. E o fracasso é quase inevitável.

Segundo Mandamento

SEJA INFLEXÍVEL

> *"Sou a favor de deixar o status quo como está."*
> – Yogi Berra

EMBORA EXISTA UMA ESTREITA RELAÇÃO entre não assumir riscos e ser inflexível, uma importante diferença marca essas duas atitudes. No caso das pessoas genuinamente inflexíveis não se trata somente de querer evitar riscos, de hesitar em relação a mudanças e inovações. Elas se mostram também tão intransigentes em suas ideias, tão seguras de que têm a fórmula do sucesso que não conseguem ver outro jeito de fazer as coisas. Isso aconteceu na Coca-Cola Company.

Numa disputa em 1920 sobre o uso do nome Coca-Cola, caso que chegou à Suprema Corte americana, o juiz Oliver Wendell Holmes decidiu a favor da Coca-Cola Company, descrevendo a bebida como "uma coisa única, de fonte única e bem conhecida pela comunidade".

A empresa ficou tão encantada com essa descrição que quase a transformou numa mensagem bíblica. Ela a aceitou tão dogmaticamente e a protegeu com tanto zelo que a fonte do produto começou a se tornar uma parte da sua exclusividade tanto quanto o produto em si. Os dirigentes da empresa só conseguiam ver o refrigerante como "a Coca-Cola *na conhecida garrafa verde*" – passaram a encarar a bebida e o frasco como uma coisa só. Havia, é claro, o icônico copo de vidro em formato de sino (usado para servir a Coca-Cola retirada de máquinas), mas ele jamais chegou a ser uma marca registrada como a garrafa *contour*, de desenho curvilíneo.

Durante quase meio século, em todos os anúncios publicitários, o refrigerante e a garrafa eram mostrados juntos. De Papai Noel a Eisenhower, todos tinham na mão o belo frasco verde. A companhia não iria – nem poderia – mudar a embalagem. E, de fato, não modificou aquela icônica garrafa verde curvilínea de 185ml. Era onde Deus queria que a Coca-Cola fosse vendida – "uma coisa única" –, e a empresa a venderia assim, independentemente do desejo dos consumidores! No fim da Segunda Guerra Mundial, os executivos da Coca-Cola Company estavam seguindo tão firmes por esse caminho que poderiam ter impedido o crescimento do negócio.

A Coca-Cola não nasceu na garrafa. Foi criada em 1886 por John S. Pemberton na Farmácia Jacobs, em Atlanta. Durante anos, sua origem ditou a forma como o refrigerante era comercializado: no copo, retirado das máquinas que servem bebidas gasosas. O xarope da Coca-Cola, a base açucarada cor de caramelo, era misturada com água carbonatada (gaseificada) fria para consumo imediato. Hoje, o refrigerante ainda pode ser comprado da mesma forma – extraído da máquina e servido em copos de papel ou de plástico – em estádios, cinemas e lanchonetes de todo o mundo. No entanto, uma quantidade muito superior do produto é vendida em garrafas e latas em supermercados e outros tipos de estabelecimentos comerciais.

Pemberton morreu em 1888, e a jovem Coca-Cola Company passou às mãos de Asa Candler, que continuou a expandir o negócio no sul dos Estados Unidos, mas apenas por meio de farmácias. No fim do século XIX, o processo de engarrafamento de refrigerantes ainda era muito primitivo e, às vezes, perigoso, com frequentes explosões. Compreensivelmente, os fundadores da empresa em Atlanta não viam muito futuro em se aventurar além da venda da bebida em máquinas. (Por que arriscar? Veja o Primeiro Mandamento.)

Em 1899, porém, Benjamin Thomas e Joseph Whitehead, dois arrojados jovens advogados de Chattanooga, procuraram Candler com a proposta de engarrafar a Coca-Cola e arcar com os riscos. Como não acreditava que aquele processo tivesse futuro, Candler concordou e, literalmente, entregou de bandeja os direitos de engarrafamento. Thomas e Whitehead compraram a franquia perpétua para engarrafar o refrigerante pela generosa quantia de 1 dólar. Candler, é claro, ficaria com a fórmula do xarope, e, se algo resultasse desse esquema temerário, ainda ganharia dinheiro vendendo o produto para os engarrafadores.

A garrafa emplacou. Em 1905, havia mais de 200 fábricas de engarrafamento nos Estados Unidos. A Coca-Cola passou a ser vendida em frascos em todos os lugares, sobretudo nos meses quentes de verão, quando pequenas mercearias e mercados maiores enchiam com gelo e água fria grandes tinas galvanizadas e ali colocavam os mais variados tipos de refrigerante, entre os quais a Coca-Cola. Havia cerveja sem álcool, *ginger ale*, laranjada e soda-limonada, tudo isso acondicionado em garrafas genéricas de 226ml, de modelo idêntico. Quando alguém mergulhava a mão na tina, não sabia que bebida estava pegando, e, se o rótulo tivesse se soltado na água, o mistério aumentava ainda mais.

Instigada pelos engarrafadores, a Coca-Cola Company, que começava a reconhecer o potencial de venda do seu refrigerante em frascos, incumbiu a Root Glass Company de desenhar uma garrafa que diferenciasse o produto e exibisse a marca registrada Coca-Cola. A empresa queria uma embalagem que o consumidor pudesse "sentir", algo capaz de ser imediatamente identificado pelo tato dentro daquelas tinas de água gelada.

A Root Glass criou uma garrafa exclusiva feita de vidro verde num formato original – o de uma ampulheta ao contrário –, bojuda no centro e com reentrâncias nas partes superior e inferior. A novidade fez enorme sucesso entre engarrafadores e consumidores. E tornou-se indissociável, na mente de muitos, do produto em si.

E, como eu disse, esse foi o problema.

Quando Robert Woodruff levou adiante sua agressiva expansão global da Coca-Cola Company, a garrafa verde de 185ml estava tão firmemente estabelecida que ele e muitos executivos não imaginavam nenhuma outra opção de embalagem. Na visão deles, a garrafa e a bebida dentro dela eram como um ovo. A casca e o conteúdo eram uma coisa só, inseparáveis, algo único com a marca singular: Coca-Cola.

Nesse ínterim, na Pepsi-Cola, um gênio do marketing chamado Walter Mack bolou em 1939 um slogan brilhante: "O dobro por 5 centavos também." A Pepsi-Cola começou a ser vendida em garrafas de 355ml. O slogan estava por todo lado, inclusive no rádio, num jingle contagiante.

"Pepsi Cola hits the spot.
Twelve full ounces, that's a lot.
Twice as much for a nickel, too.
*Pepsi-Cola is the drink for you."**

* *N. do T.*: "A Pepsi-Cola acertou em cheio.
Trezentos e cinquenta e cinco mililitros é muita coisa.
O dobro por 5 centavos também.
A Pepsi é a bebida para você."

As vendas da Pepsi começaram a crescer.

A Coca-Cola Company, porém, não se mexeu. Nem mesmo nos memorandos internos o nome Pepsi-Cola era mencionado. Referiam-se a ela como "a imitação".

Acontece que a oferta do imitador – o dobro por 5 centavos – foi se tornando popular entre um número crescente de consumidores americanos que, após a guerra, passaram a ter condições de comprar geladeiras e, dessa forma, podiam servir uma quantidade maior de bebidas em casa. As vendas de Pepsi dobraram entre 1947 e 1954, enquanto as de Coca-Cola andaram em marcha lenta. Vale dizer que a Coca-Cola ainda superava o refrigerante concorrente por uma margem significativa, no entanto essa distância vinha diminuindo, e a Pepsi tinha fôlego.

A diretoria da Coca-Cola Company, porém, era inflexível. Recusava-se a pensar na criação de outras embalagens. Além disso, acreditava que, vendendo cada garrafa com o dobro de refrigerante e o dobro de açúcar – ingrediente caro –, logo a Pepsi-Cola faliria.

Mas não faliu.

Finalmente, em 1955, diante de uma acentuada curva descendente nas vendas em supermercados, a Coca-Cola Company pôs a inflexibilidade de lado. A empresa lançou o produto em três novas embalagens: a de 296ml, a de 355ml e a de 770ml (tamanho família).

Muitos dos engarrafadores do produto também foram inflexíveis.

Em 1974, quando eu dirigia as operações da Coca-Cola Company nos Estados Unidos, tornou-se absolutamente vital para a sobrevivência de todos que os engarrafadores alterassem seus contratos com a empresa. Embora fosse do interesse deles, alguns não entenderam a questão dessa forma. Estavam fixados no passado e não cederam.

Nosso sistema de engarrafamento era bom, mas antiquado.

As áreas originais de prestação desse serviço haviam sido estabelecidas entre o fim do século XIX e o início do século XX. O conceito que norteara sua localização levava em conta uma distância de ida e volta que pudesse ser percorrida num só dia numa carroça a cavalo. A preservação da integridade regional era válida, no entanto as grandes redes de supermercados que vendiam o refrigerante operavam numa série de localidades de engarrafamento, e estava ficando cada vez mais difícil manter um preço único. No fim dos anos 1960, a capacidade que a empresa tinha de atender essas cadeias comerciais de maior porte estava seriamente limitada. Ainda assim, muitos engarrafadores se negavam a vender o negócio, mudar de endereço ou se fundir. E seus contratos eram perpétuos. Sem perceber sua intransigência, eles estavam aos poucos enfraquecendo o sistema, que, na verdade, era o seu ganha-pão.

Para que a Coca-Cola Company conseguisse se manter no mercado americano, era imprescindível aumentar os preços, porém os contratos com os engarrafadores proibiam essa medida. Além disso, a empresa necessitava contar com regiões de engarrafamento que atendessem as redes de lojas que vendiam seu refrigerante. A Coca-Cola Company precisava renegociar todos os contratos relativos a esse serviço. Foi durante a presidência de Luke Smith que demos início a esse processo.

Ele e eu conversamos com cada um dos engarrafadores. A maioria deles não estava receptiva a mudanças. De acordo com uma piada que corria na empresa, a última coisa que um engarrafador moribundo dizia ao filho era: "Não deixe que eles mexam no contrato." E era o que estávamos fazendo.

Finalmente, um a um, quase todos reconheceram que, se não fizéssemos mudanças, estaríamos cometendo suicídio corporativo. O produto mais conhecido no mundo, a Coca-Cola, corria perigo, e precisávamos trabalhar em conjunto para salvá-lo. E foi o que fizemos.

Quando as condições à sua volta mudarem, adote a inflexibilidade. Teime em ser intransigente. Mantenha-se irredutível. O fracasso é certo.

> *"Pois esta é a tragédia do homem:*
> *as circunstâncias mudam, mas ele não."*
> – Maquiavel

SÃO TANTOS OS EXEMPLOS de inflexibilidade cega por parte de empresas que já se destacaram como líderes em inovação que simplesmente não é possível enumerá-los. Já vi ocupantes de cargos importantes em organizações de alta tecnologia cruzarem os braços e se acomodarem, satisfeitos, garantindo uns aos outros que tudo ia bem enquanto o negócio em si começava a trilhar o caminho da morte lenta.

Pertenci ao conselho consultor da IBM World Trade Americas durante toda a década de 1970 até meados dos anos 1980. Tudo corria às mil maravilhas na empresa. Nas vendas, nos lucros, nas patentes – sob todos os aspectos –, ela se mantinha como líder do setor. Era a primeira na lista *Fortune 500*. Os executivos tiravam licenças sabáticas. O mainframe (computador de grande porte capaz de atender milhares de usuários por meio de terminais) era o futuro – como sempre fora e continuaria sendo. E por muito tempo foi assim mesmo. Em 1980, a direção estimou que em 1995 a receita da companhia seria superior a 250 bilhões de dólares. De fato, em 1984, a IBM obteve o maior lucro líquido já alcançado por uma empresa em qualquer momento da história: quase 6,6 bilhões de dólares. Nove anos depois, em janeiro de 1993, a organização anunciou o maior prejuízo corporativo até aquele momento: cerca de 8 bilhões de dólares.

O que aconteceu foi que a IBM se mostrou intransigente. Seus executivos sabiam o que se passava no mundo dos computadores e, em 1981, já haviam desenvolvido com sucesso um PC, o computador pessoal. Mas não acreditaram nele para valer. Confiaram numa previsão interna de que as vendas desse produto ficariam abaixo de 250 mil unidades até 1987. Na verdade, mais de 1 milhão de PCs foram vendidos em 1985. Esses líderes não entendiam ou se recusavam a entender que comercializar PCs era bem diferente de vender aqueles enormes navios de guerra que eram os mainframes e de prestar assistência técnica aos seus usuários. Como almirantes e generais que estão sempre se preparando para encarar a última guerra, eles se mantiveram fiéis de coração àquelas máquinas imensas que haviam tornado a IBM líder global nesse mercado.

Já na década de 1980, de vez em quando eu comentava com o pessoal da IBM o fato de que o número de PCs nas salas da Coca-Cola Company vinha aumentando muito. Eles sempre me respondiam com um sorriso educado e um olhar de indiferença. Era como se a direção da empresa estivesse parada à margem de um rio. Numa situação como essa, por mais tempo que alguém fique ali, jamais vê o mesmo rio duas vezes, pois ele está em constante movimento. A história segue o fluxo das águas, enquanto o futuro vai contra a corrente, rio acima – onde podemos encontrar oportunidades e perigos. A verdade, porém, é que os executivos da IBM andavam ocupados demais olhando para o sentido da correnteza, contemplando satisfeitos aqueles belos e lucrativos mainframes que flutuavam rio abaixo e mundo afora.

No último capítulo dessa pequena história empresarial, o ThinkPad, o PC da IBM, foi parar nas fábricas de laptops da China com o nome fantasia de Lenovo. É triste, afinal a empresa saíra na frente com uma imensa vantagem. Ela se recuperou, é claro, mas não foi fácil.

Em todo o mercado de computadores, houve muitas empresas que, embora tivessem sido fundadas num arroubo de criatividade inovadora, adotaram com rapidez surpreendente uma postura inflexível e não tiveram nem de longe a mesma sorte que a IBM. E desapareceram.

Um nome do qual muita gente ainda se lembra é o da Digital Equipment Corporation (DEC), fundada em 1958 por Ken Olsen e Harlan Anderson, dois engenheiros brilhantes que haviam trabalhado no Massachusetts Institute of Technology (MIT). Nos anos 1980, a DEC atingiu o auge, posicionando-se como a segunda maior empresa de computação do mundo, com cerca de 100 mil funcionários e uma reputação, da qual se gabava, de genialidade tecnológica. Além de ter sido uma das primeiras companhias a se conectar à internet, criou o AltaVista, uma das primeiras ferramentas de busca abrangentes. Utilizava internamente correio eletrônico muito antes que o valor de mercado desse recurso fosse reconhecido, e o desenvolvimento do MP3 teve início em seu centro de pesquisas. Resumindo, a DEC estava à frente do seu tempo em várias áreas. O que a derrubou foi a convicção de deter a *única abordagem correta*. Tudo o que faziam ali era "específico da DEC", muito exclusivo. Apesar de tanta genialidade, seus fundadores não quiseram se adaptar à nova estrutura, de base mais ampla, do mercado de computadores. A DEC foi então vendida "aos pedaços", o último deles em 1998. Parece que a logomarca sobreviveu por um curto período numa empresa de tecnologia da informação na Índia.

A inflexibilidade é uma doença incapacitante.

Não existe exemplo melhor do seu tipo mais virulento do que o comportamento de um homem brilhante que mudou a cultura americana: Henry Ford.

Ford não se tornou o cidadão mais rico dos Estados Unidos por inventar o automóvel nem a produção em massa, embora tenha dedicado a vida a produzir carros por meio do uso cada vez mais aperfeiçoado desse sistema. O que fez dele um gênio foi sua noção instintiva de vendas em grande escala. Ele compreendeu melhor do que qualquer pessoa da época que, se conseguisse baixar o preço do automóvel, esse produto deixaria de ser um brinquedinho exclusivo dos ricos e se tornaria um meio de transporte de massas. Para alcançar esse objetivo, Ford assumiu dois riscos. Em primeiro lugar, continuou diminuindo o lucro por unidade, a fim de aumentar o volume das vendas. Em segundo lugar, num tempo em que a média do ganho diário de um operário da linha de montagem de automóveis era inferior a 2 dólares e 50 centavos, ele anunciou em 1914 que pagaria a seus funcionários a inédita quantia de 5 dólares por dia.

No jargão do mundo empresarial, há hoje o termo "prosumidor" (profissional-consumidor) – referência àqueles que tanto fabricam quanto consomem produtos e serviços. Ford previu tal conceito quase um século atrás. Ao pagar 5 dólares por dia, ele aumentou num piscar de olhos o tamanho do seu mercado, pois os funcionários passaram a ganhar o suficiente para adquirir o bem que produziam. E, mais importante ainda, com essa iniciativa, comprou a lealdade de uma força de trabalho sabidamente instável. Na visão convencional da indústria automobilística daqueles tempos, a alta rotatividade da mão de obra era inevitável. Ford demonstrou que esse conceito estava errado.

No entanto, em poucos anos, o gênio que havia sido um visionário tornou-se tão inflexível que quase arruinou a empresa.

Dizem que ele teria cunhado esta irônica frase sobre o Modelo T: "Podem comprá-lo na cor que quiserem, contanto que seja preto." Isso deu certo durante um bom tempo. Mas depois as pessoas começaram a se cansar do "forde de bigode" preto. Ainda assim, enquanto os Estados Unidos chegavam à década de 1920 com carros maiores, mais rápidos, mais luxuosos e em cores brilhantes, Henry Ford insistia na ideia de que o Modelo T, que basicamente não sofrera nenhuma inovação desde 1908, continuava a ser o que os americanos queriam. E não mudaria de opinião.

Inevitavelmente, empresas que estavam emergindo no setor, como a Chevrolet e a Dodge, começaram a abocanhar o mercado da Ford e a ameaçar para valer a liderança da companhia. Por fim, mentes mais práticas se impuseram, e Ford admitiu a necessidade de produzir um veículo melhor. Depois de fechar sua principal fábrica durante seis meses, ele lançou com sucesso o Modelo A em 1928. Mas sua inflexibilidade levou a empresa ao limiar do desastre e lhe custou uma desvantagem em relação à concorrência que ela jamais conseguiu compensar.

Durante as décadas de 1980 e 1990, tanto a GM quanto a Ford continuaram a confiar em seus grandes utilitários esportivos, notórios beberrões de combustível, enquanto a líder emergente do mercado, a Toyota, começava a desenvolver os bem-sucedidos carros híbridos de alta quilometragem. Jim Press, ex-presidente da Toyota North America, disse: "Ambos consultávamos a mesma bola de cristal, líamos a mesma pesquisa – o combustível vai se tornar mais abundante ou mais escasso? O ar ficará mais limpo ou mais poluído? Será que devemos agir de modo proativo e inovador, a fim de entrarmos em sintonia com o rumo que a sociedade está tomando, ou nos agarrar ao passado e insistir nisso até o amargo final?"*

As histórias das empresas e dos setores que fracassam são sempre diferentes, é claro. Algumas delas são mais fáceis de entender do que outras. Por exemplo, é óbvio que na primeira parte do século XX, por mais que resistissem, as fábricas de

* Citado no discurso "Murder, Starvation, & Catastrophe", feito por Richard Demillo, reitor da Faculdade de Computação do Georgia Institute of Technology (Georgia Tech), em 28 de fevereiro de 2007.

gelo teriam que descobrir outra atividade à qual se dedicar, pois seu produto seria substituído pelas geladeiras. Mas não é tão evidente o motivo que fez desaparecer a maioria dos mais de 3 mil fabricantes de bicicletas, enquanto outros se adaptaram à indústria automobilística e até, como demonstrou a Wright Brothers, ao negócio de estruturas de avião. Certamente, alguns executivos foram mais inflexíveis do que outros.

Não há dúvida, porém, sobre o que causou o fim de um empreendimento que se consagrara como pioneiro em sua área. A Montgomery Ward, que inventou a venda por catálogo, bateu as botas por causa da inflexibilidade de um homem.

Sewell Avery, um advogado cabeça-dura e implacável, foi o condutor dessa derrocada. Ele salvara a empresa durante a Grande Depressão cortando drasticamente os custos enquanto outras companhias se expandiam. O problema é que Avery carregou a Depressão na mente pelo resto da vida, tanto que ganhou o apelido de "Deprimido Sewell". Seu calendário havia parado de forma definitiva no ano de 1929. A quebra do mercado poderia acontecer a qualquer momento.

Após a Segunda Guerra Mundial, quando casas começaram a ser construídas em comunidades planejadas, como Levittown, Avery não apenas deixou de perceber a prosperidade emergente como se *recusou* a vê-la. Em meados da década de 1950, as mesadas dos adolescentes americanos estavam se tornando maiores do que toda a renda de uma família nos anos 1940. O país estava rico e progredia cada vez mais. Avery, porém, era tão inflexível que não quis admitir o boom econômico ocorrido depois da Segunda Guerra. Não investiu no próprio negócio nem o expandiu. Por causa disso, nos 10 anos que se seguiram àquele conflito mundial, as vendas da Montgomery Ward caíram 10%, enquanto as da sua concorrente, a Sears, dobraram.

A Montgomery Ward não existe mais. E o inflexível Sr. Avery foi para o túmulo insistindo na ideia de que a Depressão os aguardava logo ali na esquina. Acreditava nisso e ponto final. Ninguém conseguiu convencê-lo do contrário. De fato, era notória a rudeza com que demitia qualquer um que tentasse levantar a cortina e lhe mostrar a realidade.

A história da Republic Steel nos oferece outro exemplo de inflexibilidade cega. Nos anos 1960, um dos maiores clientes dessa empresa eram companhias do setor de enlatamento, que começavam a se interessar pelo alumínio, um material mais leve que diminuía os custos com expedição. A Republic Steel era muito rica e bem-sucedida. No seu caso, a atitude lógica a tomar seria entrar no negócio de alumínio. E ela poderia dar esse passo com facilidade – bastaria usar as grandes reservas em dinheiro de que dispunha e comprar uma empresa de alumínio já em atividade. Em vez disso, seus líderes foram intransigentes a ponto de anunciar que jamais deixariam de utilizar as latas de ferro. Chegaram até mesmo a se referir ao alumínio como "o metal fraco" e lutaram com todos os recursos que tinham para impedir sua entrada no mercado de enlatamento. No fim, ficaram sem nada. A Republic Steel desapareceu.

Também podemos considerar, como mais um exemplo de absoluta teimosia bronca, a atitude de Hollywood em relação à televisão naqueles primeiros tempos quando, aos trancos e barrancos, eu apresentava um primitivo talk show na WOW-TV em Omaha. Como foi que a grande e rica Hollywood recebeu o bebê recém-nascido? Com o maior desdém. A piada era: "O vaudeville morreu e a televisão foi a caixa em que o enterraram."

Os principais estúdios não queriam nem saber daquela tolice. Que ficassem com o brinquedinho comediantes ultrapassados, como Milton Berle. O cinema e os filmes eram o futuro e sempre seriam, segundo eles. Hollywood zombava da televisão e dos que eram atraídos por ela. Por isso se encantou quando o então presidente da Comissão Federal de Comunicações, Newton Minow, descreveu a TV como um "vasto deserto". Os estúdios chegaram até mesmo a boicotar a nova mídia na esperança de que ela desaparecesse. Aparentemente, ninguém a apreciava, exceto o público americano.

No fim, é claro, os estúdios foram obrigados a aceitar a televisão, no entanto a postura inflexível inicial criou conflitos desnecessários entre o "pessoal do cinema" e o "pessoal da TV", sem falar nas grandes oportunidades perdidas. Em vez de atuarem como a força motriz que desenvolveria aquele novo meio de comunicação, os principais estúdios se tornaram, na pior das hipóteses, obstáculos; na melhor, meros observadores.

Um dos exemplos mais perversos de inflexibilidade é o que vemos no setor aéreo de forma geral.

Nos anos 1930 e 1940, nenhuma maravilha tecnológica simbolizou de modo mais expressivo a era do transporte moderno do que as aeronaves cintilantes que, em questão de horas, conduziam pessoas importantes de uma costa a outra dos Estados Unidos. Em pouco tempo, essa maneira estimulante e inovadora de viajar começou a ser comercializada de forma criativa. Juan Trippe, da Pan Am, lançou as passagens de "classe turística". As viagens de avião deixaram de ser privilégio dos glamourosos astros de cinema e dos magnatas de Wall Street. Tinha início a era do transporte de massas pelos ares.

Após esse arrojado começo, o setor permaneceu em marcha lenta durante anos. Os aviões ficaram maiores e mais rápidos, mas as inovações no setor ocorriam a passos de tartaruga. Como ao longo de décadas seus dirigentes contaram com rígidas normas governamentais que os protegiam da instabilidade do mercado livre, eles se esqueceram de ser executivos empreendedores. Tornaram-se rigidamente inflexíveis no modo de negociar, até mesmo quando se viam diante de prejuízos cada vez maiores. Continuaram a agir de maneira idêntica e a obter os mesmos resultados decepcionantes, escorregando para a falência e escapando dela, insistindo nas velhas promessas de melhorar a administração e aumentar a eficiência. Alguns profissionais da área atribuíam a culpa por essa situação à facilidade com que as empresas aéreas operavam apesar de falidas. Sem dúvida, se trata de um negócio complexo que mistura interesses públicos e privados. Ainda assim, acredito que a única estratégia em que os gestores das companhias aéreas pareciam estar empenhados era a obtenção do acordo dos funcionários para reduzir salários. (Sei, por experiência própria que, na ausência de outras mudanças estratégicas, a verdade incontestável é: não se alcança lucratividade cortando custos.)

Foi quando surgiu um empresário inovador e entusiasta chamado Herb Kelleher. Ele fundou uma nova companhia aérea, a Southwest Airlines, que só se parecia com as demais num aspecto: transportava passageiros em aviões. Quase tudo o mais em seu negócio era diferente. Para começar, na frota da empresa havia apenas um tipo de aeronave, o Boeing 737, o que simplificava e otimizava todos os serviços a bordo. Kelleher mudou a maneira como as rotas eram traçadas e o modo de marcação dos assentos. Alterou a política de preços e procurou atrair clientes diferentes. O resultado? A Southwest Airlines obteve lucro num setor que alguns investidores já haviam declarado irrecuperável. (No momento em que escrevo este livro, não há como saber se essa empresa continuará sendo lucrativa em razão do constante aumento dos preços dos combustíveis e das consequentes medidas de cortes de despesas.)

Portanto, para fracassar, seja intransigente. No entanto, quero esclarecer uma questão: a flexibilidade não é uma virtude em si mesma. E também não é um escudo para os fracos que desejam se esconder e ficar enrolando sem jamais tomar uma decisão difícil. A flexibilidade e a capacidade de se adaptar são atributos essenciais dos líderes, qualidades que extrapolam a mera competência administrativa, operacional e técnica. A flexibilidade é um processo contínuo e profundamente criterioso de análise das situações e, quando necessário, de adequação rápida às circunstâncias. Ela é, em essência, a chave para o conceito darwiniano de sobrevivência do mais apto. Flexibilidade. Adaptação.

> *"O homem que jamais muda de opinião é como água estagnada, e é nela que proliferam os répteis da mente."*
> – William Blake

RECONHEÇO QUE ALGUMAS ORGANIZAÇÕES têm sido capazes de resistir à mudança ao longo de gerações. Ainda me lembro de ter conversado com Bing Crosby quando ele trabalhou conosco. Sem dúvida, ele foi um dos mais admirados e bem-sucedidos astros do entretenimento em sua época. Também possuía ações da Minute Maid. Depois que a Coca-Cola Company comprou essa empresa, convencemos Bing a fazer alguns comerciais para nós no fim dos anos 1960. Ele era um golfista apaixonado e nos perguntou se seria possível, dada a longa associação de Robert Woodruff com o Augusta National Golf Club, recomendar que esse clube o aceitasse como sócio.

A resposta que o Sr. Woodruff recebeu do czar do Augusta National foi: "Não aceitamos gente do show business."

Mas o mundo dos negócios não pode se dar ao luxo de resistir de maneira tão idiossincrática à mudança, e, de fato, até os mais recalcitrantes líderes empresariais jamais admitiriam sua inflexibilidade. É mais provável que recitassem um discurso ensaiado sobre a filosofia da mudança, usando as costumeiras frases feitas para dizer quanto a apreciam e são receptivos a ela. Na verdade, porém, é fácil se acomodar na confortável rotina da situação atual. Por quê? Ora, qualquer tipo de mudança é difícil. Pense na sua própria vida. Transferir-se para outra cidade pode ser um grande transtorno.

No entanto, uma *causa* que contribui ainda mais para a inflexibilidade está incorporada ao próximo mandamento – e é também um *sintoma* dela.

Terceiro Mandamento

ISOLE-SE

ISOLAR-SE É EXTREMAMENTE SEDUTOR. E muito fácil. Você não precisará de muitas coisas para criar sua própria bolha executiva. Comece com o ambiente de trabalho. Não existe nada melhor do que uma fortaleza isolada para manter a plebe a distância. Portanto, consiga uma sala grande e suntuosa em algum lugar afastado no andar da diretoria e depois feche a porta.

Ouvi falar do presidente de uma empresa que era tão excêntrico que praticamente ergueu um Taj Mahal particular na sede da companhia. Embora membros da diretoria trabalhassem naquele mesmo andar, uma boa parte do pavimento fora destinada apenas a ele – era seu esconderijo. Portas de vidro espesso garantiam a proteção da sala de espera de seu escritório. Ali, sentada atrás de um alto balcão, uma recepcionista vigiava a área. Atrás dela portas de madeira maciça guardavam a sala do presidente. Era um espaço estranho, exótico, decorado com um impressionante artesanato brasileiro e perfumado por velas aromáticas que eram mantidas sempre acesas. Uma parede cheia de monitores de televisão completava o cenário. Ao fundo, música New Age. Imagine o impacto estressante que esse altar em homenagem ao ego do presidente devia causar no executivo de médio escalão que procurasse aquele líder com uma notícia ruim. Um único olhar bastaria para acabar com qualquer vestígio de coragem para abrir a boca.

Uma vez protegido, jamais abandone a sua bolha, salvo para visitar outros que tenham suas próprias bolhas. Pelo amor de Deus, não atenda o telefone. Nunca. E não tente descobrir onde fica a copiadora. Acima de tudo, não saia passeando pela empresa e não fale com ninguém. Eu visitava vários andares, entrava nas salas, me apresentava aos funcionários e perguntava como estavam passando, o que estavam fazendo e se havia algo que a empresa pudesse melhorar.

É claro que, se você quer se isolar, não deve fazer nada disso. É uma total perda de tempo. Afinal, os funcionários sempre irão chateá-lo com algum detalhe rotineiro que, no seu caso, é melhor desconhecer. Por exemplo, seus nomes. Não se dê ao trabalho de aprender os nomes dos colaboradores. Afinal, se eles forem embora, você terá desperdiçado o esforço. (Certa vez, li a respeito de uma excêntrica ricaça inglesa que jamais se deu ao trabalho de aprender os nomes dos criados. Embora tenha substituído várias vezes seus mordomos, chamava todos eles simplesmente de “Mordomo”. Da mesma forma, a arrumadeira era “Arrumadeira”, e o jardineiro, “Jardineiro”. Ela teria sido uma ótima presidente isolada.)

Infelizmente para os que desejam permanecer distantes, a história dos negócios mais bem-sucedidos flui numa direção oposta a esse tipo de comportamento. Uma das características de muitos empreendedores lendários é o talento incomum para conhecer funcionários de todos os níveis e se relacionar com eles. Dizem que Dwayne Wallace – que nas décadas de 1960 e 1970 construiu a Cessna Aircraft Company – percorria a linha de montagem da fábrica de Wichita mostrando que, além de saber o nome de cada um dos cerca de 3 mil colaboradores, estava a par da vida de suas famílias. Sem dúvida, é impossível manter esse toque pessoal em todas as unidades de uma organização que hoje opera em âmbito global, mas é uma meta válida e alcançável em relação ao quadro de funcionários de uma sede de tamanho razoável. No entanto, se o seu desejo é ficar isolado, nem pense nisso.

Caso queira se afastar ainda mais, contrate um bom serviço de bufê e siga a minha rigorosa dieta isolacionista.

Almoce sempre com um grupo dos seus funcionários mais próximos no salão de refeições da diretoria. Um presidente de empresa especialmente arrogante seguiu à risca a minha dieta isolacionista. Todo santo dia, saboreava um almoço servido por um bufê no último andar do prédio da empresa, acompanhado apenas de executivos do alto escalão. Não permitia que a insatisfação que fervilhava nos pavimentos inferiores e entre os acionistas interferisse na sua digestão. Preciso dizer, a seu favor, que ele conseguiu aumentar a receita, mas seu estilo de administração causou, a longo prazo, mais prejuízo do que lucro por fazer com que funcionários, clientes e acionistas se distanciassem. Ainda que as pessoas que almoçavam ao seu lado fossem as únicas a acreditar no que ele pretendia realizar, o bom senso sugere que, no fim das contas, meia dúzia de privilegiados não é suficiente para executar todo o trabalho.

Um estilo imperial é quase sempre contraproducente. A maneira como os líderes de uma empresa se relacionam com os colaboradores importa muito. O isolamento cria indiferença, gera boatos e, depois de um tempo, até provoca revolta. Em todo caso, se você quer fracassar, essa é a estratégia perfeita.

Para um isolamento ainda maior, cerque-se de um leque de consultores e de funcionários pagos para dizer que você é maravilhoso. Essa deverá ser a única missão deles.

Descobrir a verdade – seja sobre o que for – às vezes é difícil, porque é preciso enveredar por muitos níveis de gerência, e as pessoas podem se sentir tentadas a apresentar sua própria versão dos fatos. Portanto, evite o processo como um todo. Não se exponha andando pela empresa – nem sequer pise no corredor. De preferência, informe-se por meio de relatórios sucintos transmitidos por seus funcionários de confiança. Eles existem para lhe dizer o que você precisa ouvir e deixar de fora aquilo com que sua mente não deve se preocupar. Ainda que o espelho lhe mostre que você não é essa maravilha toda ou que sua mulher tenha o irritante hábito de lembrá-lo de que você é mortal, será realmente necessário escutar a mesma coisa dos seus colaboradores? É claro que não. Mantenha esse pessoal a distância.

Atemorizar diretores também contribuirá para aumentar seu isolamento e, provavelmente, o valor no seu contracheque. Até mesmo com as rígidas normas relativas à independência desses profissionais, não é tão difícil assim lembrá-los do motivo pelo qual lhe devem gratidão – sejam eles quem forem. Com diretores amedrontados e uma distância segura em relação aos acionistas, é provável que você não tenha problemas com seu pagamento, mas vale uma palavrinha de alerta. Em alguns países, acionistas e entidades governamentais estão sendo mais rigorosos com executivos e vinculando salário a desempenho. Santo Deus! Ainda que você fracasse, não deve ser punido por suas falhas. De fato, a sua prioridade, antes de executar qualquer ação, é garantir para si mesmo uma régia remuneração, não importa o que aconteça com a empresa. Mantenha todo e qualquer crítico potencial longe do seu caminho.

> *"É um indivíduo raro aquele que deseja ouvir o que não quer ouvir."*
> – Dick Cavett
>
> *"Não considere fiéis aqueles que elogiam suas palavras e ações, e sim os que criticam gentilmente suas falhas."*
> – Sócrates

MANDE FAZER UMA PLACA COM A SEGUINTE MENSAGEM: "NÃO IRRITE O CHEFE. NÃO ME TRAGA NOTÍCIAS RUINS."

Adolf Hitler fez isso muito bem. Seu secretário, Martin Bormann, aprendeu depressa a levar ao *führer* apenas novidades agradáveis. De fato, em qualquer organização é quase sempre possível descobrir uma "boa notícia", assim como alguém que a transmita alegremente a você se isso garantir ao informante um lugar no seu círculo restrito de convidados para o almoço. Por outro lado, descobri por experiência própria que compensa ser paranoico, dar de imediato as más notícias ao alto escalão, de modo que a empresa possa agir rápido para evitar o desastre.

Charles Kettering, o gênio da engenharia que ajudou a conduzir a General Motors durante seus anos de glória, disse: "Não me tragam outra coisa além de problemas. As boas notícias me enfraquecem." Não sei se eu iria tão longe, porém a verdade é que qualquer avanço numa organização tem, por definição, que brotar do esforço em prol da solução de um problema. Isso significa, é claro, que se deve, primeiro, estar a par da questão e, depois, chegar ao seu ponto central.

É preciso se dedicar ao assunto.

Quando eu visitava unidades da Coca-Cola em diversos países, os administradores regionais muitas vezes iam me receber no aeroporto e me levavam, digamos, a três clientes que vendiam nosso refrigerante com um sucesso extraordinário. Mas eu queria ver as lojas que não estavam naquela lista. Por isso, às vezes pedia a eles que parassem o carro e saltava para falar com determinado distribuidor. Também gostava de me sentar e conversar diretamente com os funcionários. E dizia: "Isso é o que eu penso. E vocês?" Em geral, ouvia respostas objetivas porque as preocupações costumavam ser as mesmas.

É instrutivo saber que durante a Segunda Guerra Mundial Winston Churchill criou uma equipe especial cuja única tarefa era mantê-lo informado dos acontecimentos negativos. Ele queria a verdade nua e crua, fosse qual fosse. Hitler, por outro lado, continuava a pensar que estava ganhando a guerra, embora o conflito já estivesse quase no fim. Para ser um líder eficaz, você tem que descobrir maneiras de se livrar de algo que os dirigentes consideram muito tentador: a mentalidade de se isolar e se manter em um *bunker*.

> *"Uma mesa é um lugar perigoso para se ter uma visão do mundo."*
> – John le Carré

CRIE UM CLIMA DE MEDO. Isso é muito fácil. É algo intrínseco a todo alto cargo que confere a seu ocupante o poder de contratar e demitir. E pode acontecer sem que você nem sequer perceba. No meu primeiro emprego na área empresarial, eu tinha a função de gerenciar alguns vendedores para a Butternut Coffee. Periodicamente, eles deviam se dirigir a mim e discutir a situação na região em que operavam. Havia um vendedor que era muito bom, um dos melhores, mas ele nunca ia a Omaha falar comigo. Dava sempre uma desculpa: adoecera, tivera uma emergência com um cliente, o carro quebrara, etc.

Foi apenas por acaso que descobri que, embora estivesse se saindo muito bem, aquele funcionário tinha medo de mim. A ideia de ir à sede, tomar o elevador e andar até a minha sala já era suficiente para intimidá-lo. Então mudei essa dinâmica: fui até ele, apanhei-o e levei-o comigo até Omaha. Ele precisava saber que não havia nada a temer, fosse com relação a mim ou à matriz. O rapaz fez uma carreira brilhante.

Há uma grande diferença entre uma atmosfera de tensão criativa numa empresa e um clima de medo. Construir um bom ambiente de trabalho é difícil. Exige sensibilidade quanto ao estado de ânimo e ao espírito das pessoas daquela organização, mas compensa. Não é por acaso que muitas das companhias sempre incluídas pela *Fortune* em sua lista das 100 Melhores Empresas para se Trabalhar nos Estados Unidos também estejam constantemente entre as que proporcionam melhores resultados aos acionistas.

Um ambiente atemorizante, por outro lado, exige tão pouco esforço que não duvido que seja tentador criá-lo. Não é necessário entender de coisa nenhuma para isso. Basta gritar, ter ataques de fúria e reduzir a pó, na frente dos colegas, aqueles que cometem erros. Envergonhá-los. Ser grosseiro. Agir como uma criança de dois anos de idade. Infelizmente, não são poucos os líderes que seguem esse caminho. Chegam a sentir orgulho das exigências absurdas que fazem aos colaboradores – ficam envaidecidos por tratarem mal as pessoas. Na minha opinião, nenhum deles é "criativo" o bastante para justificar essa atitude, ainda que se trate de editores de revistas de moda, de diretores de cinema ou dos mais badalados salvadores de empresas. Mau comportamento é mau comportamento. E é indesculpável. Todos nos lembramos das ocasiões em que perdemos o controle, dos momentos em que fomos injustos, e cada uma dessas situações só nos tornou menores. Não nego que às vezes isso proporcione um sucesso de curto prazo e até mesmo promoção pessoal.

No início dos anos 1990, a mídia não poupava elogios ao mais novo herói salvador de empresas, Al Dunlap, também conhecido como "Al Motosserra". Ele era a própria imagem do "Rambo de terno". Demitiu gente aos borbotões e cortou despesas até o osso. A *Business Week* observou que Al se autoproclamara o melhor CEO dos Estados Unidos. Muitos repórteres da área de negócios parecem ter caído na conversa dele. Isso foi em 1998, pouco antes de Al arrasar uma ótima empresa chamada Sunbeam.

A fim de se isolar completamente, reivindique o primeiro lugar em tudo. Sempre que houver mérito a assumir, reivindique-o *inteiramente* para si. Quando houver culpa a assumir, não aceite *nenhuma*. Se o holofote da opinião pública se voltar para a sua empresa de forma positiva, posicione-se no centro do palco, no foco daquele facho de luz, e enfurne nos bastidores seus funcionários e parceiros, assim como qualquer um que tenha ajudado no processo. Na remota probabilidade de você sentir uma pontinha de culpa depois de se apropriar do crédito por uma conquista empresarial, é facílimo livrar-se desse sentimento mandando para os colaboradores mais dedicados um peru de Natal ou um delicioso ovo de Páscoa. Pesos de papel de cristal com o nome da pessoa gravado e a palavra "obrigado" acima da sua assinatura também são capazes de emocionar.

Apoderar-se dos louros não é uma garantia absoluta de fracasso, porém contribui para aquele isolamento extremo capaz de tornar difícil um grande sucesso.

Algumas das pessoas mais bem-sucedidas que conheci a fundo e com quem trabalhei agiam sempre com modéstia, evitando os holofotes. Nas cartas anuais de Warren Buffett aos acionistas mal lemos dois parágrafos sem esbarrar num elogio efusivo a alguém pelo sucesso alcançado. Herbert A. Allen, da Allen & Company, também se empenha em fazer dos seus colaboradores as estrelas de qualquer propaganda positiva. Apenas quando as coisas dão errado ou não vão tão bem quanto deveriam, esses dois homens ocupam o centro do palco para assumir a responsabilidade.

Em todos os ambientes que você frequentar, converse somente com quem concordar com você, de preferência outros líderes empresariais. Em conferências e reuniões do conselho, assim como nos clubes em que você for sócio e nas festas a que comparecer, descubra seus semelhantes, membros bem-sucedidos da mesma espécie. Recorra a seus pares para obter ideias e opiniões, pontos de vista políticos e, sobretudo, para saber a média salarial no seu meio. Percebi que precisava me esforçar muito para ampliar meu círculo de conhecidos, o que não é tão fácil quanto parece.

Quando há uma plaquinha com um título importante pregada na porta da sua sala, o grande número dos que provavelmente discordariam de você diminui com incrível rapidez. Por isso gosto da história sobre John Wooden, o treinador do time de basquete da Universidade da Califórnia (UCLA). Wooden tinha opiniões firmes e era um vencedor. Embora todos os anos tivesse conseguido classificar a equipe para o torneio da National Collegiate Athletic Association (NCAA), já estava em sua décima sexta temporada e ainda lhe faltava o título de campeão desse evento. Em 1963, seu obstinado assistente, Jerry Norman, começou a questionar tudo o que Wooden fazia. Aquilo era contestação – o equivalente a incitar uma revolução. No entanto, de alguma forma, Norman convenceu Wooden a adotar novas táticas de jogo. O resultado foi que a UCLA ganhou o campeonato de 1964 da NCAA e nove títulos nos 11 torneios seguintes. Wooden disse depois: "Seja qual for a sua atividade, cerque-se de gente inteligente que discuta com você."

Esse é um dos motivos que me fazem acreditar piamente em equipes de gerenciamento. Quando líderes se complementam e se equilibram (como é o caso de Warren Buffett e Charlie Munger na Berkshire Hathaway, de Tom Murphy e Dan Burke na CapCities e de Frank Wells e Michael Eisner na Disney), as falhas de alguém podem, em geral, ser compensadas pelas qualidades da outra pessoa. No entanto, caso só exista espaço para uma personalidade dominante, tenha cuidado, pois a empresa acaba se tornando o que essa pessoa *é*. E, se ela não for boa o bastante, a organização estará fadada ao fracasso.

Fique atento aos "grandes iluminados" que só se cercam de lâmpadas fraquinhas.

Tive muita sorte na Coca-Cola por ter liderado executivos brilhantes que não hesitavam em me dizer não só que eu estava errado, mas que estava totalmente errado. Também tive muitas secretárias corajosas e determinadas. Elas eram tão ousadas que às vezes me devolviam minhas cartas com um sorriso doce enquanto me faziam uma pergunta maravilhosa que eu costumava ouvir do editor do jornalzinho da escola: "Tem certeza de que quer dizer isto?" Quase sempre minha resposta era não. Esta é a vantagem das cartas em relação aos e-mails: elas nos dão tempo para pensar. Voltarei a esse assunto mais à frente.

Parta do princípio de que todas as pessoas vivem como você. Hubert Humphrey, que foi senador e também vice-presidente dos Estados Unidos, chegou a sugerir que todos os membros do Congresso e todos os funcionários públicos do primeiro escalão deveriam ser obrigados a usar o transporte público uma vez por semana para saber como os cidadãos vivem realmente. Isso também deveria ser aplicado aos poderosos líderes empresariais. Faria com que se lembrassem daquele velho ditado: "Posso ser o presidente na empresa, mas em casa sou eu quem leva o lixo para fora."

Alguns membros da velha guarda da Coca-Cola Company me falaram de uma empresa de engarrafamento que era nossa parceira na Nova Inglaterra havia três gerações. Seu proprietário descendia de uma antiga família aristocrata. Provavelmente, ele nunca colocara os pés na fábrica e devia estar há anos sem experimentar nosso produto. Ainda assim, sentia-se apto a contestar a opção da empresa de veicular anúncios no rádio no final das tardes de domingo. "Ninguém ouve rádio a essa hora aos domingos. Todos estão fora de casa jogando polo." Isso é um exemplo do verdadeiro isolamento. É o caminho para pôr a si mesmo em primeiro lugar e perder o contato com clientes, funcionários e acionistas. E o melhor: sem se dar conta disso!

Se você cumprir o Terceiro Mandamento e se isolar de maneira eficaz, não saberá o que ignora a respeito dos negócios. Além disso, continuará altiva e serenamente a acreditar que aquilo que você sabe está correto. Levado ao extremo, o isolamento costuma fazer com que a pessoa tenha a sensação de que possui um direito quase divino. Líderes como Henry Ford e Sewell Avery, entre muitos outros gestores de algumas das empresas mais bem-sucedidas que mencionamos, como a Xerox e a IBM, não apenas acabaram convencidos de que estavam certos – o que foi mais prejudicial –, mas também passaram a crer, pelo menos em alguns momentos, que não errariam. Quando as encíclicas expedidas pela direção de uma empresa proclamam "Não vamos errar, sabemos tudo", tome cuidado porque seus dirigentes estão avançando com toda a firmeza em direção à sedutora tentação do próximo mandamento.

Quarto Mandamento

ACREDITE QUE É INFALÍVEL

PARA COMEÇAR, JAMAIS admita um problema ou um erro. Se parecer que alguma coisa está tomando a direção do desastre, esconda o fato, ou melhor, espere até a crise se instalar de verdade e depois ponha a culpa em alguma força exterior ou em alguém. Os clientes costumam ser encrenqueiros. Você sempre poderá responsabilizá-los por algo que não dê certo.

Os relatórios anuais costumam me divertir, sobretudo as cartas aos acionistas. Num relatório após outro, ainda que a empresa tenha enfrentado um ano superdesastroso, a carta do presidente do conselho revela quase sempre uma grande engenhosidade ao identificar uma série de causas que vão de repentinas flutuações no valor da moeda a uma temporada atípica de chuvas. Você já deve ter lido várias vezes aquela irresponsável homenagem à impotência passiva: "Erros foram cometidos." A casa está desmoronando, há poeira e destroços por toda parte e o responsável por aquela situação afirma com indiferença: "Erros foram cometidos." Implicitamente, é claro, ele também está afirmando: "Mas não por mim."

Por isso considero estimulantes as cartas anuais de Warren Buffett como presidente do conselho da Berkshire Hathaway. Se num ano o desempenho da empresa destoa muito dos anteriores ou fica aquém do esperado, Warren é rápido em dizer:

"O resultado não foi bom e a culpa é minha." Embora tenha um histórico praticamente inigualável em termos de alocação lucrativa de capital, ele não se considera infalível. Em sua carta aos acionistas em 1996, por exemplo, citou os problemas com o investimento da Berkshire na USAir e comentou: "Em um outro contexto, um amigo me perguntou certa vez: 'Se você é tão rico, por que não é inteligente?' Depois de rever meu lastimável desempenho com a USAir, você talvez conclua que a pergunta dele faz sentido."

A Coca-Cola Company também nos fornece um exemplo instrutivo do que acontece quando deixamos a doença da infalibilidade sem tratamento.

Em 1999, na Bélgica, muitas crianças em idade escolar adoeceram e atribuíram o fato às Coca-Colas que haviam bebido. A companhia fez uma pequena avaliação técnica e se convenceu na matriz – a milhares de quilômetros de distância – de que nada havia no produto capaz de fazer mal às crianças. E ponto final. A empresa era infalível nesses assuntos.

Mas as crianças achavam que estavam doentes. Seus pais também acreditavam que elas estavam doentes. Até os médicos diziam que elas estavam doentes. Somente os principais executivos da Coca-Cola Company não pensavam assim.

Resultado: as vendas despencaram. Com uma lentidão angustiante, a direção da empresa finalmente se obrigou a fazer o que deveria ter feito no primeiro dia da crise: retirou o produto suspeito das prateleiras. Apesar de terem tomado essa medida, os líderes mantinham sua opinião de que o refrigerante não estava, de forma nenhuma, contaminado. O fato é que a percepção era clara, e, sem fatos contundentes para provar o contrário, ela se tornou a verdade. O estrago estava feito e permitiu-se que a publicidade negativa ganhasse vulto. O caso resultou no maior *recall* da companhia em 120 anos de história. Foram necessários muitos meses e um monte de dinheiro para que os danos à sua reputação e à sua imagem fossem reparados. Essas duas coisas não têm preço. Proteja-as com a própria vida. Como lemos nos Provérbios, "É preferível um bom nome a grandes riquezas".

A cerveja Schlitz foi uma das maiores marcas do mercado cervejeiro americano. Em 1975, era a número dois no país, atrás da Budweiser, e aspirava ao primeiro lugar. Os dirigentes da empresa consideravam suas estratégias de marketing mais elaboradas do que as que eram empregadas pelos tradicionalistas da Anheuser-Busch. Usavam "pesquisas de marketing" mais abrangentes do que as da concorrência e se consideravam mais inteligentes. Começaram a pensar que seu modo de fazer negócios era infalível e não se importaram em contrariar as tradições do processo de fabricação da cerveja quando aplicaram determinadas medidas para reduzir os custos com ingredientes. E durante algum tempo isso pareceu ser uma boa ideia.

E durante algum tempo as coisas caminharam bem.

Mas a Schlitz continuou a fazer alterações no processo de fabricação do seu produto. Para acelerar o ciclo de fermentação, introduziu novos elementos químicos que começaram a afetar a qualidade da cerveja.

Quando a percepção de qualidade deixa de existir, ainda que seja em relação ao mais comum dos produtos, é o fim da linha. Os consumidores reagiram mal ao saber que, para economizar, a Schlitz havia modificado a composição dos ingredientes. Por isso, ainda que se tratasse de um setor em que a fidelidade às marcas é muito grande, eles começaram a abandonar sua cerveja. A Schlitz – que em meados da década de 1980 fora uma das líderes de mercado nos Estados Unidos – caiu a ponto de perder a notoriedade até desaparecer.

Essa mentalidade infalível de sabe-tudo da direção já levou muitas empresas a ignorar a realidade e a perder oportunidades.

A General Motors, por exemplo, perdeu tempo, dinheiro e uma parte irrecuperável da sua reputação rebatendo e negando afirmações feitas por Ralph Nader no livro *Unsafe at Any Speed* (Insegurança a qualquer velocidade), de 1965. Embora tenha criticado todo o setor automotivo em relação à segurança, o autor dedicou um capítulo específico a um carro que a Chevrolet lançara naquela década: o Corvair com motor traseiro. Em vez de se encontrar com Nader e demais críticos e considerar a possibilidade de trabalhar em conjunto com outros fabricantes e, quem sabe, aperfeiçoar a engenharia de *todos* os carros com motor traseiro, os executivos da GM contrataram detetives particulares que foram acusados de assediar o autor. A liderança da GM deixou passar o que podia ter sido uma oportunidade de ouro para polir sua imagem de empresa genuinamente preocupada com a segurança pública. Em vez disso, escolheu permanecer infalível a qualquer preço, e o resultado foi uma perda incalculável do apreço público.

Já mencionei minha sorte por ter podido contar com gerentes sempre prontos a me dizer quando a minha infalibilidade executiva não estava se mostrando tão perfeita assim. Uma situação muito importante envolvendo essa questão ocorreu logo após a queda do Muro de Berlim em 1989.

Se quiser fracassar, faça o que eu fiz.

Estávamos numa reunião com o responsável pelas operações da Coca-Cola Company na Alemanha e com Claus Halle, outro alemão, que comandava todas as operações internacionais da empresa. Durante a avaliação de um rotineiro plano anual de trabalho, a equipe alemã apresentou um projeto que exigiria de nós um investimento de cerca de meio bilhão de dólares ou mais no então novo Estado democrático da Alemanha Oriental. Esse valor causaria um grande impacto no orçamento total que estávamos estruturando, e fui durão, aparentemente além da conta, ao rejeitá-lo. Encerrada a reunião,

Claus me procurou e disse que o gerente das nossas operações na Alemanha queria pedir demissão.

Fiquei em estado de choque.

– Por quê? – perguntei.

– Você não ouviu direito o que ele tinha a dizer – respondeu Claus. – Boa parte desse investimento viria dos engarrafadores alemães. Você não conhece o potencial da Alemanha Oriental. Nunca esteve lá. Rejeitou de cara a ideia sem pensar que poderia ser uma grande oportunidade. No mínimo, você devia falar novamente com ele. Mas eu gostaria que fizesse mais do que isso. Queria que fosse comigo e visse a Alemanha Oriental com seus próprios olhos, em primeira mão. Depois tome a sua decisão.

Viajamos para a Alemanha Oriental. Fomos a todos os lugares. E em todos eles eu via oportunidades. Mudei inteiramente de ideia. Reunimos as pessoas envolvidas no projeto e lhes pedi desculpas por ter sido tão tacanho e intransigente. Juntos, fizemos planos na mesma hora para comprar várias fábricas no país.

Um mês depois, no Fórum Econômico Mundial em Davos, na Suíça, anunciei que o sistema Coca-Cola estava preparado para investir um bilhão de dólares na Europa Oriental, inclusive na Alemanha Oriental. A iniciativa representou um passo fundamental na renovação da confiança global na empresa e instaurou também uma abertura decisiva para todos os investimentos do empresariado ocidental no antigo bloco soviético. Além de investir capital em maquinaria para operações de engarrafamento e distribuição, caminhões e máquinas de autosserviço, a Coca-Cola atuou, como faz em todos os lugares do mundo, como um propulsor econômico, criando oportunidades que alicerçaram o desenvolvimento de negócios relacionados ao nosso setor, como a fabricação de garrafas, latas, engradados, paletes e equipamentos de impressão.

Nossa experiência, por fim lucrativa, na Alemanha Oriental e nos demais países da Europa Oriental é mais uma prova de que ninguém é capaz de conhecer o suficiente de uma nação ou de uma situação de negócios com base num relatório lido no conforto da sua sala. Quando voltou à Coca-Cola Company como CEO em 2004, Neville Isdell, antes de realizar uma única mudança, passou seus primeiros 100 dias no cargo apenas viajando pelo mundo, observando as operações e conversando com funcionários e clientes. Enfatizo com veemência esta verdade simples: de fato, compensa ver com os próprios olhos. E também vale mais a pena ouvir os colaboradores diretamente do que fazer isso por meio do denso filtro da burocracia.

Você não pode explorar nenhuma provável vantagem comercial sem saber o que acontece *in loco*, quais são as tendências e o que faz diferença em cada uma das suas áreas de atuação. A melhor fonte de informação é o seu próprio pessoal, sua equipe local. As políticas e técnicas de gerenciamento que partem do alto como se fossem decretos estão fadadas ao desastre. Se você quer aumentar suas chances de se dar mal, negue a possibilidade de não estar sempre certo em sua avaliação. Ignore o fato de que, às vezes, as pessoas também sabem uma coisinha ou outra. Deixe para lá as sábias palavras do juiz Oliver Wendell Holmes: "Convicção não é prova de correção."

Portanto, caso queira fracassar, assuma a postura de líder infalível.

E, se deseja dar com os burros n'água de forma mais espetacular ainda, o próximo mandamento lhe dará exatamente a ajuda que você procura.

Quinto Mandamento

JOGUE PRÓXIMO À LINHA DO PÊNALTI

TRÊS ANOS APÓS o meu nascimento, nossa casa foi destruída por um incêndio. Perdemos quase tudo. Precisávamos encontrar outro lugar para morar, e a Grande Depressão avançava. Aos 42 anos, meu pai, Leo, foi obrigado a começar de novo. Ainda assim, conseguiu reconstruir a nossa vida. Deixamos a fazenda e nos mudamos para Sioux City, em Iowa, onde ele se empregou no grande centro local de compra e venda de gado. Aos poucos, progrediu e se tornou um dos mais experientes corretores de gado da região. Tinha um talento natural para rapidamente avaliar e atribuir preço à mercadoria. Àquela altura, costumava apostar um chapéu Stetson que era capaz de olhar para um curral com 50 cabeças e calcular, com uma margem de erro de 5kg, o peso médio dos animais. Quando eu era adolescente, trabalhava para ele no verão e jamais vi uma pessoa aceitar a aposta. Imagino também que ele nunca tenha tido que abrir mão de um Stetson.

Mas meu pai possuía algo ainda mais valioso do que um olho treinado. Em um negócio em que não faltavam trambiqueiros, ele mantinha uma reputação impecável de homem honesto. Fazendeiros de Nebraska, de Wyoming e da Dakota do Sul investiam fortunas na criação de um rebanho, atividade à qual se dedicavam durante meses, quase sempre num clima terrível. E, antes de embarcarem os animais num trem, ligavam para meu pai com um simples pedido: "Leo, consiga para mim o melhor preço possível."

As pessoas confiavam inteiramente nele. E essa era uma qualidade que eu queria ter também: ser capaz de merecer a confiança dos outros. Não desejava despertar medo. Nem amor. Queria confiança por ser direto e honesto com todo mundo, por ser justo e por agir certo.

Se você joga próximo à linha do pênalti, é pouco provável que inspire muita confiança em seus clientes e funcionários. E vai fracassar.

> *"O sucesso é mais duradouro quando*
> *o conquistamos sem destruir nossos princípios."*
> – Walter Cronkite

JÁ MENCIONEI O PAPEL que a confiança teve no estabelecimento da atuação mundial da Coca-Cola Company por Robert Woodruff. A confiança era e continua a ser a base essencial de qualquer atividade. A despeito dos progressos tecnológicos e dos modismos nas áreas de administração e marketing, todo negócio, no fim das contas, se resume a uma questão de confiança – os clientes creem que o produto "fará o que promete". Os investidores acreditam na competência dos gestores. Os colaboradores têm certeza de que a administração honrará seus compromissos.

Nos últimos anos, muitas pessoas inteligentes e dinâmicas desenvolveram uma visão imprecisa do que significa agir corretamente.

A Kmart e a Wal-Mart foram fundadas no mesmo ano, 1962. A Kmart, porém, trilhou um caminho perigoso que acabou por levá-la à falência em 2002. Ao longo desse período, executivos da empresa se viram envolvidos em boatos e denúncias de corrupção. De fato, um diretor da área de bens imobiliários foi condenado por suborno. A verdade é que eles jogaram próximo à linha do pênalti e, em alguns casos, a Justiça decretou que a tinham cruzado.

Um dos motivos que fizeram com que a corrupção se disseminasse foi o fato de toda a estrutura social ter se tornado menos atenta à civilidade e mais tolerante com o mau comportamento. Segundo o falecido senador Daniel Patrick Moynihan, essa complacência acabou por atenuar a definição de desvio de conduta.

Em 1969, um psicólogo da Universidade de Stanford, Philip Zimbardo, conduziu um experimento nessa área. Dois carros sem placas e com os capôs abertos foram abandonados em duas localidades: um no Bronx, em Nova York, e outro em Palo Alto, na Califórnia. No Bronx, o carro foi "depenado" e destruído em questão de minutos.

Em Palo Alto, algo bem diferente aconteceu. Nada. Por mais de uma semana, o carro permaneceu ali intocado. Certo dia, o próprio psicólogo pegou uma marreta e começou a quebrá-lo. Não tardou e transeuntes começaram a se revezar no uso da marreta. Em poucas horas, o automóvel virou sucata. Esse experimento deu origem à teoria criminal das "janelas quebradas". Segundo essa tese, se a janela de um prédio está quebrada e não é consertada, vândalos logo quebrarão o restante das janelas do edifício. De acordo com a teoria, a janela diz: "Ninguém se importa. Quebre uma janela, nada acontecerá com você. Destrua outras. Não há problema."

Até certo ponto, o ambiente empresarial de alguns anos atrás estava padecendo de um mal similar. Pequenas rachaduras na estrutura da ética vinham sendo ignoradas.

Outro motivo que contribuiu para que a corrupção se espalhasse foi o fato de muitas pessoas terem começado a dedicar uma absurda quantidade de tempo a agradar seus valiosos amigos que ajudam a construir "o mercado" nos Estados Unidos: os analistas de Wall Street.

Na maior parte dos seus 120 anos de atuação, a Coca-Cola Company pouco teve a ver com Wall Street. Seus gloriosos relatórios anuais consistiam em oito páginas em preto e branco, escritas num papel bem fino, sem gráficos nem fotos. A postura da empresa era: "O que você precisa saber está aí. Leia."

A direção da companhia raramente se expunha ao público. O pessoal de relações públicas era incumbido de manter os nomes dos executivos *fora* dos jornais. O astro era o produto, não o presidente ou o diretor financeiro.

Aos poucos, porém, tanto para a Coca-Cola Company quanto para praticamente todas as empresas, o relatório anual adquiriu um novo significado. Tornou-se um veículo de divulgação. Já não informava apenas o que as empresas estavam fazendo. A maioria deles tinha agora uma série de páginas em cores apresentando pessoas de diferentes raças, credos e culturas, além de uma foto de página dupla de uma floresta virgem que *não* fora derrubada para produzir o relatório. Em algum lugar desse cenário de verdejante beleza estavam os números.

Em 1982, as bolsas de valores começaram a viver o mais longo período de alta da sua história. E, com exceção de uma baixa temporária em 1987, a euforia durou 18 anos. Ao longo desse tempo, muitas empresas passaram a permitir a entrada de analistas em seu quintal, depois no corredor, na cozinha e, por último, na sala de estar. Certo dia, muitas delas acordaram e viram que eles estavam dentro do seu quarto.

Os analistas já não se limitavam a verificar como iam as empresas. Eles tinham conversas ao pé do ouvido com seus líderes e lhes sugeriam o que fazer.

Até aquela extraordinária alta dos mercados, os diretores financeiros não eram avaliados por seus talentos criativos. Eles eram inteligentes, durões e, muitas vezes, simplesmente desagradáveis. Sua responsabilidade básica era verificar cada dólar que entrava e saía, a fim de comprovar se a situação era real. Se lidassem com moedas de ouro, acho que as morderiam. Sua função não era dar boas notícias, e sim transmitir a verdade. Não douravam pílulas de nenhuma espécie. Podia-se contar com eles para dizer ao presidente da empresa a verdade nua e crua, fosse ela boa, ruim ou neutra.

No entanto, quando o mercado de ações disparou – e as empresas abriram seus quartos para os analistas –, lenta, mas consistentemente, a sala do diretor financeiro tornou-se um importante centro de lucros. "Preciso de mais 5 centavos extras neste trimestre. Arranje-os!", exigiam alguns presidentes aflitos.

Com o tempo, em lugar de guardiões da transparência e da integridade fiscal da organização, muitos diretores financeiros viraram os astros do rock dos negócios, enquanto as celebridades lá fora eram os analistas – que, aliás, também se tornaram cada vez mais importantes para a saúde econômica dos bancos de investimentos.

Como praticamente todas as sociedades abertas conversavam o tempo todo com Wall Street, havia uma demanda constante por resultados de curto prazo. E ela era tão forte que se tornou quase impossível escapar da pressão.

Alguns líderes empresariais já não estavam mais se perguntando "Isto é certo?", e sim "Isto é legal?". Daí para se indagarem "Será que dá para fazer isto sem ser apanhado?" foi um passo.

A história foi se desenrolando de forma trágica. O pessoal começou a manipular números e adulterar a contabilidade, com o objetivo de esconder dívidas, aumentar o valor da receita ou sonegar impostos – ou as três coisas.

Para alguns envolvidos, o resultado foi a ruína e, para outros, a cadeia. Alguns presidentes de empresas e diretores financeiros tinham a sensação de que o cargo executivo os isentava do cumprimento dos deveres morais e das leis que regem a sociedade. Mesmo depois que a Adelphia abriu seu capital, John Rigas e os filhos pareciam continuar a geri-la como se ela fosse a arca do tesouro da família. Em empresas grandes e arrojadas, como a Enron e a Tyco, que enfrentaram problemas, presidentes e diretores financeiros agiram sem se preocupar com acionistas e funcionários.

Enquanto a maior parte das companhias cumpria as regras e não seguia o Quinto Mandamento, muitas outras jogavam tão perto da linha do pênalti que chegavam a se sujar na risca de giz e, vez por outra, a ultrapassavam. Esse número de empresas infratoras era grande o bastante para englobar todo o alfabeto, da Adelphia à World Com. E, infelizmente, suas ações geraram tamanha publicidade negativa que, de alguma forma, macularam a reputação de todo o setor empresarial. O desfile interminável de fotos de empresários corruptos dando festas de arromba e saracoteando ao lado de ricos e famosos prejudicou todos nós.

Outro lado do problema é a obsessão com a fama. Esse é um dos aspectos menos saudáveis da vida moderna. Neste mundo da comunicação incessante, em que as câmeras ficam ligadas 24 horas, os profissionais da mídia vivem numa busca constante de alguém novo sobre quem falar. Alguns altos executivos não se fazem de rogados. Para aparecerem em capas de revista, são capazes de ir longe, gastando fortunas em festas e na construção de residências espalhafatosas.

Quando assumimos um cargo de certa importância, todo cuidado é pouco. Os meios de comunicação podem nos cobrir de elogios e nos atribuir mais charme e mais inteligência do que merecemos ou, então, nos acusar de defeitos monstruosos. Logo após minha eleição para a presidência da Coca-Cola Company, fui tema de matérias em revistas e jornais de negócios. Mal conseguia me reconhecer: ou me tratavam como o bravo cavaleiro do bem disposto a ajudar a conduzir a empresa ou como a encarnação do princípio de Peter,* por ter sido alçado a um cargo que estava além da minha competência.

Como nasci no Meio-Oeste, onde até os fazendeiros mais prósperos se esforçam ao máximo para esconder sua posição, tenho mais facilidade em controlar a vontade de me expor.

Todo mundo gosta de ser prestigiado, mas é preciso cautela para não se deixar seduzir pelo atual culto à celebridade e manter bem longe a tentação de cruzar a linha do comportamento ético.

> *"Gestores se preocupam em fazer as coisas direito.*
> *Líderes se preocupam em fazer a coisa certa."*
> – Anônimo

DEPOIS DE CADA escândalo empresarial nos Estados Unidos, parece que elaboramos novas regras.

A primeira tentativa de controlar as transações de títulos e ações seguiu-se ao pânico de 1792, deflagrado por especulações antiéticas feitas por William Duer, então secretário do conselho do Tesouro. Alexander Hamilton, que foi o primeiro secretário do Tesouro dos Estados Unidos, era honesto e escrupuloso, mas Duer, secretário-assistente, passou à história como o primeiro americano culpado de negociar no mercado de ações usando informações confidenciais em benefício próprio. Em decorrência de suas manipulações criminosas, leiloeiros e negociantes de títulos foram obrigados a se mudar dos

---

* *N. do T.*: Teoria de L. J. Peter segundo a qual, num sistema hierárquico, todo funcionário tende a ser promovido até atingir seu nível de incompetência. É descrita em *O princípio de Peter: a mania de se promover funcionários até que se tornem incompetentes.* Rio de Janeiro: Campus, 2003.

cafés e das calçadas para um local central e fixo (que viria a se tornar a Bolsa de Valores de Nova York), onde as operações e seus registros passariam a ser controlados com mais rigor.

Os escândalos envolvendo o governo de Ulysses S. Grant, a manipulação fraudulenta dos mercados e a concorrência dos *robber barons* – grandes capitalistas do fim do século XIX que, graças à adoção de práticas desonestas, dominavam seus respectivos setores e faziam imensas fortunas pessoais – motivaram a criação de mais regras e leis antitruste. Outras tantas foram promulgadas depois do escândalo de Teapot Dome, que envolveu o arrendamento secreto de reservas petrolíferas federais durante o governo de Warren G. Harding no início dos anos 1920, e outras ainda após a devastadora quebra da Bolsa de Valores de Nova York em 1929. Mais leis reguladoras entraram em vigor nas décadas posteriores na tentativa de controlar a fixação de preços, a manipulação fraudulenta e a concorrência desleal.

Mas nunca haverá leis suficientes para tornar os homens éticos. Já existiam cerca de 71 mil páginas de normas federais, além da SEC e das regras da Bolsa de Valores de Nova York, quando estourou o escândalo da Enron. Embora a legislação antifraude fosse muito clara, descobriu-se em 2007 que o rápido crescimento do conturbado mercado de hipotecas era facilitado por diversos sites na internet que forneciam identidade falsa (e até contracheques forjados) para que se conseguissem hipotecas em firmas de financiamento que deveriam saber que esse tipo de falcatrua não só é possível como provável. A crise do *subprime* (crédito de alto risco) resultou de uma péssima avaliação associada, em alguns casos, a ações criminosas.

Hoje, enquanto escrevo este livro, apesar de haver normas mais rigorosas (há quem as considere excessivamente severas) e a despeito da indignação pública diante dos exorbitantes valores pagos aos executivos e do seu comportamento questionável, ainda ouvimos falar de líderes de empresas que estão jogando muito próximo à linha do pênalti.

Tenho dificuldade em entender esse tipo de postura. Só consigo imaginar que esses executivos estavam e estão de tal forma distanciados da realidade (veja o Quarto Mandamento) que não fazem a mínima ideia das fraquezas que todos nós temos.

Quando servi na Marinha, perto do fim da Segunda Guerra Mundial, me destacaram para trabalhar num hospital que estava tratando dos combatentes com os ferimentos mais graves: amputados, cegos, surdos e os que haviam perdido a fala em decorrência de traumas. No meu currículo militar, devia haver alguma menção à experiência em oratória que tive no ginásio, pois me mandaram atuar no centro de reabilitação oral, onde ficavam os doentes que apresentavam problemas de fala. Eu não tinha nenhuma qualificação para aquela atividade, porém adquiri um pouco de técnica com o único terapeuta do hospital. Juntos conseguimos ajudar na recuperação de um bom número de internos.

Entre os pacientes não havia hierarquia. Recrutas e oficiais eram tratados da mesma forma. Durante o processo de reabilitação, os recrutas lutavam para se recuperar plenamente, enquanto alguns oficiais, que jamais haviam questionado a própria capacidade, não passavam de frágeis sombras dos homens que haviam sido, deixando-se tomar pelo desespero. Graças a essa experiência no hospital, adquiri, ainda bem jovem, plena consciência tanto da nobreza quanto da fragilidade do ser humano. A distância entre esses dois traços não é tão grande assim. As pessoas têm a capacidade de se erguer para realizar atos extraordinários. Mas também podem cair feio e rápido.

Em um ambiente hospitalar, sobretudo no de um hospital militar repleto de doentes com ferimentos graves, somos levados a nos concentrar nas nossas semelhanças – nas necessidades e vulnerabilidades que temos em comum –, e não nas nossas diferenças. Quando feridos, todos sangramos.

O padre jesuíta e paleontólogo Teilhard de Chardin disse que "não há outro futuro evolutivo para o homem senão em conjunto com todos os outros homens". Concordo. Além de termos o dever de tratar o próximo com compaixão e respeito, essa atitude é essencial para nossa sobrevivência coletiva. Homens e mulheres sem ética podem até se dar bem durante um tempo, às vezes por um longo tempo. No fim, porém, a falta de moral – e de humildade – acaba por destruí-los. Não se pode construir um negócio sólido e duradouro sobre uma fundação podre.

Sinto orgulho do fato de a Coca-Cola Company ter sempre cultivado uma cultura corporativa baseada na confiança e na necessidade absoluta de agir com retidão.

Ainda me lembro muito bem de um documentário que a NBC transmitiu nos anos 1970 sobre a dura realidade dos trabalhadores que migravam. Ficamos chocados ao ver que muitos deles, contratados por firmas de recrutamento terceirizadas, trabalhavam nos pomares da Minute Maid, uma empresa de nossa propriedade na Flórida, e que algumas daquelas pessoas viviam em condições deploráveis. Paul Austin, o CEO da Coca-Cola Company na época, enviou até lá o presidente, Luke Smith, junto com um grupo do qual fiz parte. Verificamos que as condições em muitos casos eram, de fato, terríveis. Austin se apresentou ao comitê do Senado que investigava a questão e, quando confrontado com a descrição da situação dos nossos funcionários, não só a admitiu, como também disse: "Senador, as condições não são apenas tão ruins quanto o senhor relatou, mas piores do que o senhor possa imaginar. A Coca-Cola Company não pode, em sã consciência, tolerar isso. Vamos fazer um enorme esforço para tentar resolver o problema."

E fizemos. Baseados em nossas descobertas, elaboramos um plano para elevar, de forma geral, o padrão de vida daquelas pessoas. Nossa primeira ação instintiva foi lhes fornecer benefícios materiais, como moradias melhores, meios de transporte mais adequados até os pomares, luvas para a colheita e filtros com água gelada nas áreas de cultivo, entre outras comodidades. As casas velhas foram derrubadas. O segundo pensamento que tivemos foi o de que apenas bem-estar não seria suficiente. Por isso mandamos um grupo de cientistas comportamentais à Flórida para montar um programa abrangente capaz de abordar os problemas básicos envolvidos naquele ambiente. Como resultado desse estudo, a empresa montou uma clínica e criou centros de serviço social com creches, treinamento pré-escolar e educação para adultos. Além disso, aumentamos os salários e os benefícios do seguro. Formaram-se também organizações comunitárias dirigidas pelos funcionários.

O sindicato dos trabalhadores rurais interveio nessa situação. No entanto, apesar de uma pequena agitação inicial, conseguimos resolver as questões de forma amigável. A partir de então, até que a maioria dos pomares fosse vendida ou destinada a outras utilizações, nosso relacionamento com os colaboradores migrantes passou a ser positivo.

Como disse Austin, não podíamos, por questão de consciência, tolerar as terríveis condições em que aquelas pessoas viviam. Não se tratava meramente de uma questão de relações públicas, e sim de fazer o que era certo.

Para manter a confiança dos cidadãos no sistema capitalista, é preciso que ele seja bem conduzido por indivíduos honrados e decentes. Nesse sentido, fiquei profundamente preocupado ao saber que um estudo feito na Universidade Estadual de Nova Jersey indicou que, entre todos os universitários, os alunos dos programas de MBA, isto é, os que se tornarão mestres em administração de empresas, são os mais propensos a colar. Há pouco tempo, foi divulgado que vários programas de MBA estão começando a abordar questões éticas e a organizar cursos com títulos do tipo "Ética Comercial". Espero que tenham sucesso. Ainda assim, se essas aulas forem dadas por professores sem experiência na área de negócios, seus esforços deixarão a desejar. É no mundo real que as questões éticas são resolvidas todos os dias.

Com certeza, meu pai não precisava de cursos de ética. Ele foi criado segundo o princípio de que a palavra de alguém é sua garantia e que o aperto de mão é tão eficaz quanto todos os contratos existentes no mundo jurídico. Sei que ele teria concordado com a afirmação de Peter Drucker de que não existe algo chamado ética comercial, mas apenas *ética* – pura e simplesmente. E ela não está desvinculada do resto da nossa vida. Um executivo não tem um arquivo de ética ou valores específicos para cada circunstância. Isso é mais característico daqueles que lideram organizações ilícitas.

Meu pai sempre disse que dormia muito bem. Portanto, acredito no seguinte ditado: "Uma consciência tranquila dorme em meio a trovoadas."

Sexto Mandamento

NÃO PARE PARA PENSAR

> *"O problema não é saber se as máquinas pensam, mas se os homens pensam."*
> – Burrhus Frederic Skinner

SOMOS UMA SOCIEDADE OBCECADA pela tecnologia, o que, em certa medida, é bom, pois isso nos proporciona avanços genuínos e muitas vezes notáveis. Mentes habilidosas do passado nos deram a lâmpada, como foi o caso de Thomas Edison, enquanto os talentos da atualidade nos fornecem computadores incríveis. Richard Demillo, reitor da Faculdade de Computação do Georgia Institute of Technology (Georgia Tech), diz que vivemos uma nova era de inovações. Como o mundo está em constante transformação, posso afirmar com relativa segurança que a maioria das referências técnicas contidas neste livro já está ultrapassada.

Ainda assim, usar a tecnologia apenas porque *podemos* não significa que *devemos* fazer isso. Quase sempre aumentamos a complexidade da vida sem que isso nos traga nenhuma vantagem evidente – na verdade, o que fica óbvio algumas vezes são as desvantagens. Meu carro, por exemplo, veio com um manual de 712 páginas. Ele tem um rádio com tantos controles e configurações que é tão difícil ligá-lo quanto desligá-lo. Sem dúvida, isso é contraproducente. O rádio de carro dos meus sonhos tem apenas dois botões. Um deles para ligar o equipamento e ajustar o volume. O outro para ser girado de leve e, num bilionésimo de segundo, ir mudando de emissora. Infelizmente, acho que estamos a uma enorme distância de um avanço tão grande.

Não existe, é claro, outra área que esteja tão impregnada de tecnologia quanto a das comunicações.

Temos *kilobytes*, *megabytes*, *gigabytes*, *terabytes*, *petabytes*, *exabytes*, *zettabytes*, *yottabytes* – os *bytes* não param de aparecer, não é? E com que finalidade?

"Mais informação" é a resposta. De fato, já disseram que vivemos na era da informação.

Não é verdade. Vivemos na era dos *dados*. Ele nos chegam sem parar, 24 horas por dia, sete dias por semana. E surgem cada vez mais rápido, vindos de todo lado. Segundo uma estimativa, mais de 60 bilhões de e-mails são trocados mundo afora diariamente. Quando você estiver lendo este livro, esse número já terá alcançado a casa dos trilhões. Sem falar nas ligações telefônicas, cujo volume é hoje tão estratosférico que qualquer tentativa de adivinhá-lo não tem sentido.

Não paramos de nos comunicar, respondendo instantaneamente como autômatos – exteriorizando um fluxo contínuo de pensamentos e observações que só faz acrescentar mais dados à corrente –, sem nenhuma avaliação, sem que ninguém se recoste na cadeira, feche a porta, desligue toda a parafernália e reflita com serenidade por alguns momentos.

Em *Admirável mundo novo*, publicado em 1932, Aldous Huxley escreveu: "Agora as pessoas nunca ficam sozinhas... Fazemos com que elas odeiem a solidão e organizamos suas vidas de modo que ficar só seja algo impossível."

Um dos grandes temores que muitos empresários tinham em 2006 e 2007 não era a falência do mercado nem outra catástrofe do gênero, e sim o medo de que o BlackBerry desaparecesse. Corremos o risco de nos transformar em corcundas de testa franzida porque vivemos curvados sobre esses brinquedinhos recebendo notícias a respeito de tudo e de todos sem parar.

Não faço ideia de qual será o impacto das redes de serviços sociais estabelecidas pela internet, como o MySpace e o Facebook. Talvez seja muito positivo. Assim espero. No entanto, à medida que transformamos a natureza da nossa interação com as pessoas, adquirimos uma sobrecarga de percepção sensorial eletrônica ao mesmo tempo que nos privamos da percepção sensorial humana. A interação simples entre os indivíduos está se perdendo. Até entre as crianças. Quando boa parte delas brinca, já não se trata mais de mera brincadeira, é claro. Elas têm uma vida tão estruturada que seus encontros são agendados, como reuniões de negócios. Quando estão juntas, porém, quase sempre não se olham, fixando-se nas telas de monitores ou entretendo-se com brinquedos eletrônicos portáteis.

Já vi um anúncio impresso da Panasonic em que um homem aparecia sentado num carro enquanto digitava no teclado de um laptop. O texto da foto dizia: "Não se trata apenas de ter um laptop, e sim de poder enviar e-mails enquanto seu motorista dá umas voltas a mais em torno do prédio."

Dá para imaginar o que deve ser trabalhar para esse homem? Felizmente, ele não passa de uma ficção criada pela agência de publicidade da Panasonic.

Existem três grandes problemas inerentes ao vício de lidar com esses dados não processados que inundam nosso espaço sem nos deixar tempo nenhum para pensar.

1. A síndrome da caixa de entrada – o custo humano

Muitas pessoas que trabalham em escritórios já exibem sintomas e reclamam do que alguns rotularam de "síndrome da caixa de entrada". Elas têm coisas de mais para classificar mentalmente. Um estudo realizado em 2006 mostrou que um funcionário precisa lidar, em média, com 133 e-mails por dia. E não é só isso. Ele tem que se ocupar de múltiplas formas de comunicação, como fax, mensagem de texto, reunião, teleconferência, apresentação em PowerPoint, relatório em vídeo, além de atender telefones que tocam sobre a mesa e vibram dentro do bolso. O sistema nervoso do ser humano médio não foi feito para processar dados nesse ritmo alucinante de velocidade e de volume. Nem de longe.

Certo dia, na emissora Bloomberg, 12 manchetes cruzaram a tela entre 16h34 e 16h35. Além disso, havia legendas correndo sem parar na parte inferior do vídeo, uma janela com indicadores do mercado financeiro e comentários contínuos ao vivo. Isso dura o dia inteiro. E se repete diariamente. Um fluxo incessante de palavras, opiniões e barulho.

Em um estudo elaborado por acadêmicos de universidades de todo o Canadá, 42% dos entrevistados disseram se sentir estressados pelo constante bombardeio de informações e comunicados que têm que enfrentar; 58% confessaram que a capacidade de concentração no trabalho diminuíra sensivelmente por causa das TICs (tecnologias de informação e comunicação). Por sua vez, médicos de várias faculdades de medicina têm observado que, pelo fato de as pessoas costumarem falar alto em conversas telefônicas a fim de "animar" a comunicação, o estresse vocal e a consequente rouquidão vêm se tornando problemas cada vez mais comuns.

É óbvio que há indivíduos que aparentemente lidam melhor com tudo isso, tanto em termos mentais quanto físicos. Alguns conseguem até mesmo prosperar e enriquecer graças a esses sistemas.

Já foi dito em um artigo da revista *Fortune* que o presidente da Microsoft, Bill Gates, tem em sua mesa três monitores sincronizados, de forma que ele possa transferir informações de um para outro. Uma tela exibe e-mails. Outra mostra o texto que Gates está redigindo. A terceira se destina a um browser que lhe possibilita acessar vários sites.

Bill Gates é um pioneiro da comunicação eletrônica, um gênio e, sobretudo, um gênio na área de processamento de dados. Ninguém é capaz de medir seu impacto positivo sobre a sociedade global. Não há dúvida de que ele nos aproximou... Basta um clique.

No entanto, para muitos de nós, mortais, em vez de liberarem tempo para que possamos nos concentrar e refletir sobre as coisas, as TICs, na maioria das vezes, "comprimem" o tempo de forma estressante. A socióloga holandesa Ida Sabelis usa o termo "descompressão", que é o que os mergulhadores precisam fazer após vários mergulhos profundos. Depois que nos afogamos em todos os tipos de dados, necessitamos de tempo para realizar a descompressão, para relaxar e refletir sobre as questões que temos diante de nós.

Costuma-se dizer que "os dados nunca são excessivos", mas sabemos por instinto que isso não é verdade. Se você já se viu imobilizado na seção de pastas de dentes da farmácia, sabe do que estou falando. Somente a Colgate tem 15 ou 16 variedades desse produto, todas elas, ao que parece, capazes de propiciar uma forma ligeiramente diferente de escovar os dentes, clareá-los e prevenir cáries. São dados de mais para processar.

Ainda mais assustador é o processo de comprar um produto que apresente um pouco mais de tecnologia, como um telefone ou um aparelho de televisão. As opções são fantásticas e totalmente apavorantes – pelo menos para alguns de nós.

Você quer um telefone que tire fotos, armazene músicas, navegue na internet, envie e receba mensagens de texto ou exiba a última novela? Tudo o que você precisa saber está ao seu alcance. Basta visitar um dos milhares de sites de produtos eletrônicos ou falar com os técnicos simpáticos em uma das centenas de lojas do ramo. Existe tanto para saber que chega a ser difícil tomar uma decisão sobre o que comprar. (Vendedores espertos sabem disso, por isso tentam reduzir rapidamente as nossas opções. Se me mostrarem uma dúzia de gravatas, fico confuso. Se me apresentarem três, em geral escolho a azul.)

No início dos anos 1970, um psicólogo deu a turfistas experientes quantidades variadas de informação sobre diversos cavalos – histórico de desempenho, peso, criação, etc. Curiosamente, aquelas pessoas erravam mais em suas previsões quando dispunham de 40 informações do que quando recebiam apenas cinco. De fato, é verdade que em muitas situações menos *é* mais!

Uma rede global de tudo, conectada a tudo, já existe. Máquinas vivem falando com máquinas. Grupos estão conectados a grupos, e todos partilham dados. No entanto, para ser produtivo, um vasto conjunto de elementos precisa de estrutura. Uma rede comercial pode prescindir de uma estrutura tangível, como um prédio, mas a certa altura necessitará de algum tipo de orientação para manter o fluxo na direção certa, a dos objetivos corretos.

Tanto um indivíduo quanto um grupo de pessoas precisam pensar com sabedoria e seriedade a respeito da direção e dos objetivos que almejam. É fundamental ter uma visão do futuro. Sozinhos, os dados não nos levam até lá. Na verdade, eles costumam ser conflitantes porque o consenso de um grupo é totalmente diferente de uma decisão individual. Em uma pesquisa nacional, os entrevistados *dirão*, com a maior tranquilidade, que querem uma casa mais econômica em termos de energia. Ao mesmo tempo, porém, se puderem, não deixarão de construir uma residência que tenha três vezes o tamanho da atual.

Acredito em pesquisas, mas não tenho a ilusão de que elas me deem muito mais do que um vislumbre, um retrato imperfeito, de um momento. Linhas ascendentes e descendentes não me dizem como formatar uma visão do futuro. As pesquisas não revelam que forma terão os sonhos de amanhã porque isso é algo que ninguém sabe. Se os fabricantes dos primeiros automóveis tivessem perguntado aos consumidores o que estes últimos desejavam, provavelmente teriam ouvido: "Cavalos mais velozes."

Se quiser fracassar, não pare para pensar. Caso deseje vencer, pense muito. Pensar é o melhor investimento que você pode fazer na sua empresa, na sua carreira e na sua vida.

Quando Steve Bennett, um brilhante pupilo de Jack Welch, assumiu o cargo de CEO da Intuit, a empresa seguia um conjunto de 10 princípios operacionais. Ele substituiu apenas uma palavra em todos aqueles valores. O nono princípio, que era "Pense *rápido*, aja rápido", foi alterado para "Pense *com inteligência*, aja rápido". O desempenho da Intuit era bom, contudo melhorou ainda mais na gestão de Bennett. Parar para pensar faz diferença. Como observou Gandhi: "Há mais coisas para fazermos na vida do que aumentar a velocidade com que ela passa." O sucesso nada tem a ver com rapidez, porém o fracasso tem, sim.

2. Quando não são processados, os dados podem mascarar a realidade

Na primeira parte do século XX, a física tradicional passou por uma revolução, consequência dos avanços na mecânica quântica. Ninguém precisa entender desse tema para perceber a revelação filosófica fundamental: é simplesmente impossível saber tudo sobre o mundo. O princípio da incerteza de Heisenberg garante que não é possível ter certeza quanto àquilo que observamos, pois o que observamos sofre a influência do processo de observação em si. Não faz muito tempo, uma dupla de físicos declarou que também não é possível ter certeza absoluta quanto ao próprio princípio da incerteza.

Por isso, ao afirmar que "sabemos" alguma coisa, talvez devamos ser cautelosos em nossas declarações epistemológicas.

> *"Não são as coisas que conhecemos que nos criam problemas. O fato é que as coisas que conhecemos não são o que parecem ser."*
> – Mark Twain
>
> (Alguns sabem que não foi Mark Twain quem disse isso. Foi Artemus Ward, Ralph Waldo Emerson ou Will Rogers. Eu sei, com certeza, que não foi nenhum dos quatro, mas meu tio Vern. Eu sei. Eu o vi dizer isso.)

ÀS VEZES, VEMOS O QUE ESPERAMOS ver – não a realidade, mas os dados que imaginamos que a representam. Ou que desejamos que a representem.

Existe uma predisposição psicológica chamada armadilha da confirmação. Tentamos confirmar nossa visão comprometida em vez de descobrir o que pode haver de errado nela.

A Enron enganou muita gente, inclusive dentro de seus próprios quadros. No entanto, seu pessoal foi ludibriado porque não refletiu sobre o que vinha lendo nos balanços da empresa. De tão ansiosos para que os números implausíveis e incompreensíveis fossem verdadeiros, todos os ignoraram. A imprensa especializada também foi crédula. Os jornalistas queriam a história "quente", não necessariamente a verdade. Falsificadores de obras de arte e trapaceiros de todo tipo exploram sem cessar a ingenuidade das pessoas, até mesmo a das mais experientes. Eles entendem a nossa necessidade de, às vezes, preferir acreditar na fantasia, e não nos fatos.

No fim dos anos 1940, quando a Pepsi vendia "o dobro por 5 centavos também", os executivos da Coca-Cola Company se iludiam confiando em relatórios trimestrais que discriminavam as vendas dos produtos em caixas. E esses registros mostravam que eram vendidas muito mais caixas de Coca-Cola do que do produto concorrente. O único problema é que uma caixa de Coca-Cola continha 24 garrafas de 185ml, enquanto a caixa da Pepsi comportava 24 garrafas de 355ml. Ninguém fez a pergunta óbvia: "Se estamos vendendo mais caixas, por que a concorrência vive ganhando de nós?" A realidade para a qual essa pergunta apontava acabou levando, finalmente, à introdução estratégica no mercado das embalagens maiores do refrigerante.

Os fabricantes de automóveis de Detroit se enganaram durante anos confiando nos números que queriam ver em vez de refletirem sobre o quadro do setor automobilístico global. Chegaram a se iludir até mesmo quanto aos seus níveis de qualidade. Estabeleceram seu padrão interno, atribuíram seu próprio valor a determinado grau de qualidade e depois trocaram congratulações quando se *aproximaram* do *seu* padrão. Os japoneses não tinham padrão nenhum. Diziam apenas: "Vamos fabricar o melhor carro possível e aperfeiçoá-lo cada vez mais." Uma atitude óbvia. E brilhante.

Tornei-me muito cauteloso em relação a qualquer estudo relacionado a marketing e gerenciamento empresarial. Embora eles cumpram seu papel, estou convencido de que quase sempre medimos as variáveis erradas e de que pessoas erradas estão avaliando esses números.

O exemplo clássico para a Coca-Cola Company foi a infame introdução no mercado da New Coke, em 1985. Em testes cegos de sabor em que os produtos A e B eram experimentados em pequenos goles, o mais doce venceu. Com isso chegamos à conclusão equivocada de que a Coca-Cola não era suficientemente doce.

Mas os testes cegos de sabor falharam na tarefa de expressar toda a dimensão do produto Coca-Cola, considerando sua imagem e seu contexto cultural.

Naquela época as vendas da Pepsi nos Estados Unidos estavam aumentando. Por esse motivo os gestores da Coca-Cola Company e, sobretudo, os líderes da comunidade engarrafadora queriam entender por que a concorrente vinha se saindo um pouco melhor do que nós nas vendas em supermercados. E a direção da Coca-Cola no país saiu em busca dessa explicação. Como não se tratava de dificuldades com investimentos em propaganda nem de questões de distribuição, o problema devia ser outro. Isso fez com que os executivos da empresa se concentrassem no próprio produto, que já estava com quase 100 anos de idade. Os pesquisadores fizeram a pergunta: "Existe alguma diferença específica que possa ser identificada e corrigida?" A realização de 200 mil testes de sabor comprovou que a resposta estava no grau de doçura. Por fim, é claro, ficou evidente que essa questão nada tinha a ver com o problema. Os dados haviam mascarado a realidade. De nada adianta realizar a maior pesquisa do mundo se ela não contiver as perguntas certas. A verdade é que a marca icônica precisava ser trabalhada com mais entusiasmo. A New Coke, a seu modo, foi útil nesse sentido, embora tenha sido uma lição dolorosa.

O planejamento do orçamento também acaba prejudicado por uma quantidade excessiva de dados. Ao longo dos anos, os especialistas em orçamento que atuavam na sede da Coca-Cola em Atlanta costumavam se afogar em dados brutos que eram praticamente inúteis, mas continuavam a ser coletados e depurados segundo alguma fórmula interna. Por exemplo: "O departamento responsável pelas vendas do refrigerante em máquinas automáticas gastou *X* dólares no ano passado em promoções internas nas lojas. Por isso, no próximo ano, esse departamento necessitará de *X* mais *Y* dólares. Vamos planejar de acordo com essa estimativa." Esses especialistas nunca viam o quadro geral.

Entre o fim dos anos 1960 e o início da década de 1970, alguns de nós se mudaram da recém-criada Coca-Cola Foods Division em Houston para Atlanta. O fato de sermos de fora nos dava uma vantagem. Olhávamos para as situações de uma perspectiva diferente. Assim, começamos a montar juntos um quadro mais amplo. Mantivemos certo distanciamento mental das questões e paramos para refletir sobre a operação como um todo.

Víamos os mesmos móveis que todos viam, porém sabíamos que o sofá podia ser mudado de lugar.

3. Não parar para pensar é uma grande tolice – e até mesmo perigoso

> *"Avante, Brigada Ligeira!*
> *Havia um homem desalentado?*
> *Não, mas os soldados sabiam*
> *Que alguém tinha cometido um erro crasso:*
> *Não cabe a eles contestar,*
> *Nem perguntar o porquê,*
> *A eles só cabe agir e morrer:*
> *Para o Vale da Morte*
> *Cavalgaram os seiscentos."*
> – Alfred Lord Tennyson

A BRIGADA LIGEIRA SE ENCAMINHOU PARA o Vale da Morte porque seus líderes não pararam para pensar. E todos os soldados os seguiram cegamente. Não se esperava que os comandados pensassem por si próprios, mas que seus líderes, sim. Embora seja óbvio, este raciocínio é digno de nota: ninguém avança em campo nenhum, inclusive no da guerra, apenas examinando dados e tirando conclusões precipitadas com base em experiências anteriores em vez de realizar uma avaliação cuidadosa e uma análise lenta e criteriosa.

Tempo para pensar não é luxo, e sim necessidade. Como observou Goethe: "Agir é fácil; pensar é difícil." No entanto, muitas vezes – na verdade, quase sempre – a ação assume vida própria. Enaltecemos a razão, porém permanecemos reféns da emoção. Afinal, somos criaturas dotadas de sentimentos, e, na excitação de um esforço específico, uma vez que a bola começa a rolar, é difícil parar. Em um grupo, quando as pessoas ficam muito ansiosas por fazer alguma coisa, é quase impossível para elas raciocinar corretamente, e sua tendência é decidir com base no desejo coletivo.

No campo das fusões e aquisições, negócios multimilionários, e até multibilionários, são iniciados e ganham impulso. Os antagonismos entre os participantes afloram, e o jogo – pois no fim tudo acaba se tornando um jogo – prossegue na base do vale-tudo. Alguém está decidido a vencer. Eles conseguem sentir isso! Todo o dinheiro sobre a mesa, toda a suposta lógica por trás do negócio, todas as pessoas afetadas – nada disso importa, exceto vencer. "Quem manda aqui sou eu!", diz o ego maior na sala. O sonho é ficar sob os holofotes durante a entrevista para a imprensa e aparecer na primeira página dos jornais. É tudo muito glamouroso, e as pessoas se convencem de que os números fazem sentido, até mesmo quando sua confiabilidade não é maior que a das previsões astrológicas. Os "espíritos animais" sobre os quais escreveu John Maynard Keynes são mais poderosos do que a maioria dos executivos gostaria de admitir.

Vejamos alguns exemplos de uniões desastrosas: Daimler e Chrysler, Time Warner e AOL, Kmart e Sears, Quaker Oats e Snapple. Será que essas operações precisavam acontecer? Embora os resultados menos do que satisfatórios fossem totalmente previsíveis, todos se deixaram levar pelo entusiasmo.

Ninguém, do primeiro ao último escalão, pensou nas consequências – nem nas consequências das consequências. Sem dúvida os ganhos de curto prazo de vários jogadores sempre serão um fator, contudo é preciso haver alguém que preveja o futuro, as consequências a longo prazo para o bem-estar e a dignidade dos acionistas em qualquer atividade empresarial.

A não ser que alguém pare para pensar, é fácil ficar repetindo os mesmos erros. E essa é uma receita infalível para a ruína. Quando ocorrer um fracasso, seja de que tipo for, responsabilize alguém por isso, arranje desculpas ou aplique uma punição. Desse modo, você não dará um passo atrás para conseguir tempo e analisar, de verdade, o desastre. Os bons hospitais organizam reuniões regulares para debater a incidência de doenças e mortalidade, a fim de aprender com os próprios erros. Seus casos envolvem a vida e a morte. A maioria dos negócios não está relacionada a assuntos de tamanha gravidade, mas cada falha nos proporciona uma oportunidade real de refletir sobre uma mudança técnica insatisfatória ou sobre uma equivocada iniciativa de marketing, de modo que possamos descobrir, com a maior objetividade possível, o que não deu certo.

Qualquer administração que esteja cumprindo sua missão tropeça de vez em quando. No entanto, se você quiser fracassar, evite observar os erros e não os analise. Assim, continuará cometendo o mesmo tipo de falha no futuro.

Caso você esteja determinado a ser malsucedido, é imprescindível que não pare para pensar. Ou – e isso é de fato sedutor – evite praticamente toda a responsabilidade contratando alguém para pensar por você. O que nos leva ao...

Sétimo Mandamento

CONFIE CEGAMENTE NOS ESPECIALISTAS E NOS CONSULTORES EXTERNOS

> *"É melhor saber algumas perguntas do que todas as respostas."*
> – James Thurber

NA ADOLESCÊNCIA, enquanto trabalhava durante as férias nos currais de Sioux City, conheci muitos negociantes de gado. Certo dia, um deles me pediu que o ajudasse a adquirir touros. Esses animais, que chegavam um a um, ficavam espalhados no complexo de currais. Passada a idade de reprodução, eram vendidos para o abatedouro. A maioria dos compradores, porém, não considerava lucrativo perder tempo percorrendo todos os currais, a fim de escolher um touro aqui, outro acolá. No entanto, um garoto em férias e cheio de energia que estivesse disposto a circular pela área e comprar de 15 a 20 cabeças por dia para encher um vagão de trem podia ganhar uma boa e justa comissão pelo serviço, ou seja, cerca de 20 dólares.

Assim, durante as férias de verão, comecei a trabalhar como comprador de touros para Doyle Harmon. No fim do meu primeiro dia de serviço, Doyle me pediu que lhe mostrasse o que eu havia adquirido. Acontece que eu pagara um preço alto por boa parte dos animais. Harmon me alertou para o fato de que eu estava cercado de bons vendedores e que, por causa da minha pouca idade, eles procurariam ser gentis, me bajular e me distrair. Por isso me deu uma lista de tudo o que eu devia procurar num touro. Independentemente do que eu ouvisse, jamais deveria me desviar daqueles requisitos básicos. E concluiu: "Observe o touro, não o homem."

Jamais me esqueci desse conselho simples durante toda a minha vida profissional, nem mesmo agora que atuo no setor de bancos de investimento. Sempre tentei separar o produto da sua apresentação. No início parece fácil, mas não é. Por mais experientes que imaginemos ser, se desviarmos os olhos do touro por um minuto que seja, correremos o risco de embarcar na aventura mais absurda. No Sexto Mandamento, afirmei que você vai se dar mal caso não pare para pensar. Ora, você também amargará um completo fracasso se permitir que o bajulem, pois o que não falta em lugar nenhum é um vigarista gentil e agradável disposto a usar a lisonja como arma de venda.

É um pouco injusto chamar essas pessoas de vigaristas. A maioria delas até que é bastante sincera quanto ao que está oferecendo, e isso pode ser experiência em marketing, estratégias de administração ou a perspectiva de um novo negócio. Em geral, são indivíduos altamente qualificados e demonstram extrema competência. Além disso, têm sempre respostas categóricas que podem figurar em elaboradas apresentações em PowerPoint. O problema com muitas dessas respostas é que elas respondem a perguntas erradas.

"Observe o touro, não o homem" é um bom conselho para aqueles que costumam assistir a extravagantes apresentações de consultores de gestão empresarial.

Na Coca-Cola, ao longo dos anos, circularam muitas pessoas – entre funcionários e consultores externos – que se autodenominavam especialistas. Houve ocasiões em que permitimos que elas nos convencessem a agir de forma contrária ao bom senso e à nossa intuição. Assim como acontece com todos os seres humanos, também tivemos nossos momentos de fraqueza.

Uma antiga orientação dos consultores à direção da Coca-Cola Company dizia que a empresa necessitava diversificar a produção. Segundo eles, nossa atividade principal, fabricar e vender refrigerantes e sucos, não nos dava garantia suficiente em relação ao futuro. A companhia, portanto, tinha que pesquisar o mercado e adquirir negócios que fossem compatíveis com sua atividade, porém diferentes dela. E os consultores apresentaram uma série de indicações nesse sentido, entre as quais a compra de uma ótima empresa vinícola. Assim, por sugestão deles, fizemos essa aquisição.

Não há dúvida de que o negócio de vinhos tinha seu charme. Uma ótima equipe de executivos operava essa unidade à parte, chamada Wine Spectrum. A diretoria gostava de ver as garrafas de vinho enfeitando as mesas em nossos jantares e coquetéis. A Wine Spectrum não atraía muito o interesse do alto escalão da Coca-Cola Company. Ela era, até certo ponto, como um bichinho de estimação.

Àquela altura, Robert Woodruff, já na casa dos 80 anos de idade, ainda exercia grande influência, embora já não participasse das atividades diárias da companhia. Mesmo assim, ele decidiu ver com os próprios olhos o negócio de vinhos em que a "sua" empresa havia se metido (até morrer, o Sr. Woodruff considerou a Coca-Cola como "sua").

Assim, esse respeitado cavalheiro, acompanhado de seu médico e de alguns amigos, foi para a Califórnia num avião da empresa. Quando voltou, foi almoçar comigo e com o então CEO, Roberto Goizueta. Se não me falha a memória, seus comentários foram estes:

"Bem, o negócio de vinhos é interessante. Fui até a Califórnia dar uma olhada nos vinhedos.

Parece que uma videira leva cinco ou seis anos para amadurecer o suficiente até que possamos começar a colher uvas. Durante todo esse tempo, precisamos de muita gente para cuidar dos vinhedos. Temos também que rezar para que o tempo seja camarada e permita uma boa safra. Por fim, se tudo correr bem, colhemos as uvas e as levamos para a fábrica. Ali, elas são espremidas e acondicionadas em tanques de aço inoxidável, enormes e caríssimos, para fermentar. Desses tanques caríssimos o vinho vai para um monte de barris pequenos feitos de carvalho francês, igualmente caríssimos – 55 dólares cada um. Depois, é mantido nesses recipientes até envelhecer. Durante esse período, cerca de 15% da bebida se perde com a evaporação.

Após um tempo, o vinho é retirado dos barris e logo depois engarrafado. Lembro que pagamos um imposto por garrafa. Em seguida, todas as garrafas são guardadas para que a bebida envelheça ainda mais. Elas ficam ali durante anos e, se tudo der certo durante o processo e tivermos uma safra de qualidade razoável, finalmente as vendemos nas lojas de varejo, onde existem centenas de vinhos diferentes nas prateleiras. A essa altura, rogamos a Deus que no meio de tantas garrafas parecidas alguém compre as nossas.

Ora, estou há anos num negócio em que engarrafamos de manhã para vender à tarde, e em muitos lugares não existe concorrência. Penso que é nesse tipo de atividade que queremos permanecer."

As palavras do Sr. Woodruff causaram um grande impacto em Roberto e em mim. Apesar de tudo o que os consultores haviam dito sobre as vantagens desse negócio e também de termos adquirido cerca de 11% do setor vinícola americano – uma parcela nada desprezível –, decidimos ver aquela atividade mais de perto. Assim, nos reunimos com os gestores da Wine Spectrum no início de 1981, logo depois de termos assumido a missão de liderar a Coca-Cola Company.

Pedimos aos executivos da empresa vinícola que imaginassem um cenário hipotético em que todas as ações que empreendessem entre aquele momento e 1990 fossem perfeitas. Com base nesse cenário, eles deveriam fazer projeções de produção e de lucro generosas, porém racionais, e também nos fornecer uma estimativa de quanto poderíamos recuperar, até 1990, do capital investido. Quando tivéssemos essas informações, tomaríamos a decisão de desenvolver o negócio ou desistir dele. Garantimos a todos os funcionários que eles teriam um lugar na empresa, caso ficássemos com a segunda opção.

A conclusão geral foi de que os melhores resultados possíveis fariam com que o retorno do capital investido fosse igual ou menor do que o custo do capital. Isso nos obrigou a parar para pensar. Será que desejávamos realmente atuar naquela área?

Mas o que fazer com o negócio?

Sempre faz diferença ter sorte, e os bons ventos têm soprado na direção da Coca-Cola Company ao longo dos anos. Pouco depois de concluirmos que não havia meios de saber com exatidão se seria possível obter um retorno satisfatório com a atividade vinícola, recebemos um telefonema da Seagram's. A empresa estava interessada em dar uma olhada na Wine Spectrum. E "relutantemente" negociamos um acordo que caiu como uma luva para ambas as partes.

Desvie os olhos do touro e eu garanto o seu fracasso. Foi o que aconteceu comigo.

Quando os gestores da Coca-Cola USA apresentaram à alta direção corporativa a proposta da New Coke, fomos convencidos a considerá-la com carinho. Nesse caso, Roberto e eu nos deixamos convencer por consultores e especialistas de que o imenso número de testes de sabor realizado nos Estados Unidos pelo grupo de pesquisa de mercado nos fornecera uma base sólida para a criação de uma fórmula totalmente nova do produto. Após semanas de discussões e debates, nós dois apoiamos o projeto. Acabamos acreditando que mudar a Coca-Cola seria uma ação competitiva brilhante.

E assim foi feito. Mais testes. Mais especialistas. A empresa trabalhou com dados levantados em discussões de grupos, testes de mercado e amostras randômicas. Todos eles apontavam a New Coke como o refrigerante de melhor sabor. Se tivéssemos seguido nossa intuição, Roberto e eu não teríamos mexido nesse ícone do legado americano, porém as provas dos especialistas eram irrefutáveis. E o processo decisório passou a ser um exercício do que chamei antes de desejo coletivo. Em situações como essa, gostemos ou não, costuma-se tomar uma decisão que agrada à equipe porque a ideia é muito excitante e parece ótima para quase todo mundo. A New Coke estava despertando tanto entusiasmo que ninguém ali queria estragar a festa. Apesar da nossa relutância, Roberto e eu também fomos arrastados pela enorme onda que impulsionou essa mudança radical. E mergulhamos de cabeça no projeto. Para aqueles que participaram desse acontecimento sísmico, a expectativa carregada de emoção era palpável.

Promovemos a New Coke nos quatro cantos do país em abril e maio de 1985. Para alimentar o frenesi, juntamos bandas, balões e todo tipo de atração ao pacote promocional de planos, técnicas e recursos que estava por trás do lançamento da New Coke.

E assim se instalou um enorme alvoroço. Em termos históricos globais, isso não parece tão importante, mas, na época, foi sem dúvida um acontecimento que mexeu com a mídia do mundo inteiro.

Quase imediatamente após o lançamento da New Coke, as reclamações congestionaram os circuitos telefônicos de Atlanta num número crescente de ligações. Em poucas semanas, já havíamos recebido mais de 400 mil telefonemas e cartas – todos com mensagens negativas. Os especialistas insistiam para que mantivéssemos o projeto.

Uma das cartas era de um advogado de Idaho e estava dirigida a Roberto e a mim: "Meus senhores, gostaria que ambos autografassem o canto inferior desta carta, pois logo ela estará valendo uma fortuna, pois dela constam os nomes dos executivos mais idiotas da história comercial americana." Uma carta assim é boa para despertar o senso de humildade de qualquer um.

Consumidores descontentes estavam se reunindo por toda parte, até em Seattle, onde uma organização chamada Bebedores da Antiga Coca-Cola nos Estados Unidos atraiu 5 mil pessoas para um protesto contra a New Coke. A mudança no refrigerante foi alvo de chacota até no programa de televisão *Tonight Show*, de Johnny Carson.

Alguns engarrafadores americanos, que haviam sido os maiores entusiastas da mudança, nos contaram que tinham parado de jogar golfe, porque vinham sendo abordados com hostilidade em seus clubes por sócios descontentes com o novo produto. O pessoal de vendas que trabalhava para os engarrafadores se recusava a entrar nas lojas que comercializavam a New Coke, pois estavam sendo insultados pelas pessoas. Havia gente indo de picape aos supermercados para comprar a antiga Coca-Cola e estocá-la. Foi uma histeria coletiva.

Mas os gurus das pesquisas de mercado e os especialistas em marketing teimavam em dizer que a aceitação era apenas uma questão de tempo. A New Coke seria um sucesso arrasador. Todas aquelas reclamações estavam contribuindo para manter o nome Coca-Cola nos jornais.

No fim de julho, após uma reunião com os 25 maiores engarrafadores do nosso refrigerante em todo o mundo, Roberto, eu e nossas esposas fomos jantar num pequeno restaurante italiano pertinho de Mônaco. O dono da casa fora avisado de que trabalhávamos na Coca-Cola Company. Depois que nos sentamos, ele se aproximou da mesa trazendo uma cesta de vime coberta com um pano de veludo vermelho, reservado para os melhores vinhos. Levantou o tecido e lá estava uma garrafa de Coca-Cola. "Esta é a Coca-Cola de verdade", anunciou com orgulho em seu inglês ruim, como se falasse de um raro conhaque envelhecido. Apesar de toda a publicidade gratuita que o refrigerante vinha obtendo, aquele momento chamou a nossa atenção.

Mas foi uma senhora de 85 anos que me convenceu de que eu precisava fazer mais do que apenas resistir e levar o projeto até o fim. Moradora de um lar para idosos em Covina, Califórnia, ela ligou para a empresa aos prantos. Por acaso eu estava visitando o *call center* e atendi a ligação.

– Vocês acabaram com a minha Coca-Cola – disse ela, chorando.

– Quando foi a última vez que a senhora tomou uma Coca-Cola? – perguntei.

– Ah, sei lá. Acho que faz uns 20, 25 anos.

– Então por que está tão transtornada?

– Rapaz, você está interferindo nas minhas lembranças de juventude e precisa parar imediatamente com isso. Será que não tem a menor ideia do que a Coca-Cola significa para mim?

Tornou-se absolutamente claro que não lidávamos com uma questão de sabor nem com um problema de marketing. Todos os especialistas e seus dados estavam equivocados. Tratava-se de uma questão psicológica. A marca não se define pelo que *você* ou eu achamos que ela é, e sim pelo significado que ela tem na mente de cada consumidor. A Coca-Cola é consumida por uma infinidade de indivíduos em numerosas culturas, e, para cada um deles, ela tem um significado diferente.

Por fim, constatei que, por mais que gastássemos com aquele projeto, nunca conseguiríamos fazer da New Coke um sucesso. Roberto também acabou chegando a essa conclusão. O consumidor americano havia falado com toda a clareza: a Coca-Cola era um produto seu e ele a queria de volta. Concordamos. Fui à televisão e anunciei que traríamos de volta a antiga Coca-Cola como a "Coca-Cola clássica". Na ABC, Peter Jennings interrompeu a série de sucesso *Plantão Médico* para informar que o refrigerante retornaria ao mercado com sua fórmula original. As principais emissoras de televisão deram a notícia. O assunto virou manchete dos jornais.

Os Estados Unidos enlouqueceram. Recebemos flores e cartas de amor. O episódio terminou como um filme clássico de Frank Capra. A megaempresa toma uma decisão, o povo se rebela, a organização volta atrás e as pessoas saem vitoriosas. Os consumidores recuperaram a sua Coca-Cola, e as vendas dispararam. Eles não apenas perdoaram o nosso erro, como se apaixonaram por nós. Bem que os políticos podiam aprender com esse incidente. Vale a pena admitir que cometemos um erro e reconhecer que não somos infalíveis. O ser humano é pródigo em seu perdão.

Enquanto isso, os especialistas que nos ajudaram a cair na armadilha continuaram a "auxiliar" outras organizações.

Que fim levou o bom senso? O conhecimento de alguns profissionais desse tipo já se mostrou equivocado tantas vezes que seria natural esperar que eles já não tivessem tanta credibilidade.

Philip Tetlock, que há anos monitora as opiniões de experts sobre a política mundial, escreveu: "Praticamente o mesmo número de especialistas quanto de não especialistas acreditava nas seguintes afirmações: o Partido Comunista soviético continuaria firme no poder em 1993, o Canadá iria por água abaixo até 1997, o neofascismo prevaleceria em Pretória por volta de 1994, a união monetária europeia não chegaria a 1997 (...) a crise do Golfo Pérsico seria sanada de forma pacífica."* Ele observou que essas pessoas tinham 80% de confiança em suas previsões. Ainda assim, elas só acertaram 45% das vezes. Jogando cara ou coroa, o resultado seria provavelmente o mesmo.

Como concluiu Tetlock, porém, o ponto mais revelador dessa questão foi que, apesar das provas incontestes de que haviam er-

---

* Tetlock, Philip. "Theory-Driven Reasoning About Plausible Pasts and Probable Futures in World Politics". In: Gilovich, Thomas; Griffin, Dale; Kahneman, Daniel. *Heuristics and Biases: The Psychology of Intuitive Judgment*. Nova York: Cambridge University Press, 2002.

rado, os especialistas não deram sinais de ter perdido a confiança em sua análise da situação. Ao contrário, inventaram várias desculpas, como "Quase acertei", "Não aconteceu ainda, mas vai acontecer", "Fatores imprevisíveis, como um terremoto, interferiram", "Com base nos dados que me foram fornecidos, acertei".

> Em determinado ano, um chefe indígena crê que o inverno será rigoroso. Diante disso, instrui a tribo a estocar lenha. Para confirmar sua previsão, ele liga para o Serviço de Meteorologia e pergunta se o inverno será rigoroso. O meteorologista responde: "De acordo com nossos indicadores, achamos que sim." Para garantir, o cacique pede a seu povo que estoque um pouco mais de lenha. Uma semana depois, ele volta a entrar em contato com o Serviço de Meteorologia, que confirma a informação dada anteriormente. Dessa vez, o chefe indígena orienta a tribo a estocar toda a lenha que conseguir encontrar. Duas semanas mais tarde, ele liga de novo e pergunta se eles têm certeza de que o inverno será rigoroso. O meteorologista diz: "Certeza absoluta. Os índios estão estocando lenha feito loucos."

ELES ERRAM REPETIDAS VEZES. No entanto, continuam surgindo, rondando os corredores das empresas privadas e também dos órgãos públicos, oferecendo novas opiniões abalizadas, novas previsões, novos jargões ou alguma nova ideia reciclada.

Quantas sandices eles podem inventar? Teoria X. Teoria Y. Caos. Gestão por objetivos. Gestão de qualidade total. Alto desempenho. *Downsizing*. Aumento da produção. Diminuição da produção. Os especialistas vivem fazendo "reengenharia" – mas quase sempre de palavras. Há pouco tempo ouvi um gerente falar em "descontratar" funcionários.

E o que vem a ser gerenciamento matricial? Pelo que consigo vagamente concluir, isso significa que, graças à matriz, alguém pode desfrutar da vantagem de responder a três ou até a mais gerentes de projeto.

Às vésperas da quebra das pontocom, eu ouvia muito a expressão taxa de "queima" do capital. Trata-se do que antes chamávamos simplesmente de gastar o dinheiro dos outros – grana que eles jamais terão de volta.

É tudo muito divertido, mas a nossa veneração pelos especialistas é capaz de levar ao fracasso total e, às vezes, disseminado.

Tomemos como exemplo John Meriwether e o fundo Long-Term Capital Management (LTCM).

Nos emocionantes anos 1980, Meriwether era um dos mais impetuosos gestores do mercado. Liderava um grupo de operadores de títulos que gerava lucros para o Salomon Brothers. Em 1994, ele e dois economistas, Myron Scholes e Robert Merton, ganhadores do Prêmio Nobel, fundaram a LTCM, um pool de investimentos muito pouco regulamentado no setor dos fundos *hedge*. Seus clientes eram muito ricos. Suas teorias brilhantes, embora não claramente entendidas, despertavam admiração porque não falhavam! Durante três anos, produziram resultados espetaculares, quase inacreditáveis. Em 1998, 90 bilhões de dólares já tinham sido investidos, boa parte deles resultante de empréstimos. Mas ninguém estava preocupado. Os especialistas sabiam o que estavam fazendo.

Após o desmoronamento da empresa, o Federal Reserve de Nova York entrou em cena e providenciou uma operação de salvamento por meio de um consórcio de credores reunido às pressas para evitar um colapso que poderia comprometer trilhões de dólares em contratos e abalar a confiança no mercado no mundo inteiro.

O sistema brilhante que três indivíduos elaboraram e tranquilamente venderam era pouco mais do que uma gigantesca roleta. No entanto, como todo mundo se dispõe a acreditar em especialistas, aquele esquema absurdo foi aceito por algumas das mentes mais astutas de Wall Street.

Em 2007, vimos os mercados financeiros entrarem em apuros porque seguiram modelos estatísticos que subestimaram grosseiramente o risco do empréstimo *subprime*. O desastre foi explicado como "erro de modelo".

Nada disso. O erro foi humano. Qualquer um dotado de boa intuição poderia prever que um alto volume de empréstimos a pessoas sem recursos suficientes para pagá-los seria um mau negócio. Mas os gênios do mundo financeiro continuaram plantando seus feijões mágicos. E todos se surpreenderam quando as árvores de dinheiro não brotaram. Que tolice!

A perspectiva tacanha daquilo que parece ser genialidade costuma representar o inverso da sabedoria.

Isso é especialmente válido quando se trata da gestão de um grande empreendimento. A administração é um ofício, não uma ciência. Desconfie dos que tentam medir e quantificar o comportamento humano. Tivemos gerentes e consultores na Coca-Cola Company que encaravam as pessoas como simples números. Eles se deram mal. Não se pode transformar tudo em números. Isso é falta de imaginação.

Ao longo da vida, tenho encontrado muitos especialistas que se propõem a avaliar uma empresa *em relação* a todas as outras organizações do setor e depois elaboram um projeto para maximizar os lucros baseando-se nos números médios daquele mercado. Trata-se de um erro terrível, pois toda companhia deveria fazer um esforço para se diferenciar e se tornar única em vez de querer pertencer à média. Nunca pensei na Coca-Cola como *uma* fabricante de refrigerantes. Na minha cabeça ela era – e é – a Coca-Cola Company. As outras não são "imitadoras", como meus antecessores insistiam em dizer, porque elas simplesmente não vendem Coca-Cola.

No fim do dia, depois de ter ouvido todos os gênios de marketing e finanças que passam pelo meu escritório, acabo concordando com o economista Ludwig von Mises: "As estatísticas (...) nos dizem o que aconteceu num caso histórico que não se repetirá."

Devo, é claro, admitir que os especialistas e consultores externos só costumam ser chamados para validar uma decisão já tomada por um administrador inseguro quanto à sua autoridade. Sempre me fascinou o que aconteceu na Chrysler depois da morte de Walter P. Chrysler, seu fundador e líder. Os altos executivos ficaram tão inseguros que organizavam sessões espíritas na tentativa de contatar Chrysler e descobrir o que ele faria na mesma situação. Não há provas de que tenham concretizado seu intento. E, se tivessem, provavelmente Chrysler demitiria todos eles.

Líderes envolvidos em reestruturações, que ocorrem com frequência após fusões e durante o "enxugamento" de uma empresa, quase sempre precisam enfrentar o processo doloroso de demitir funcionários. Em vez de se comunicarem de forma direta e honesta com essas pessoas, eles às vezes tentam pôr a culpa pelos cortes no novo projeto empresarial elaborado por uma firma de consultoria externa. É o cúmulo da covardia. Se você encomendar um projeto, ele é cria sua. Cabe a você responder por ele. No fim, se não assumir a responsabilidade, se a delegar a um terceiro, um especialista, você não será bem-sucedido na implementação do plano.

Sempre segui a regra de que nenhuma má notícia, inclusive a da demissão de funcionários, deve ser comunicada por e-mail, memorando ou telefonema. Qualquer assunto que envolva grande impacto psicológico merece ser tratado pessoalmente.

Em sua última carta aos acionistas da General Electric, Jack Welch aconselhou: "Odeiem a burocracia da sua empresa." Passemos ao próximo mandamento.

Oitavo Mandamento

AME A BUROCRACIA

Em 1973, me transferi de Houston para a sede da Coca-Cola em Atlanta como o novo vice-presidente executivo da empresa. Na chegada, encontrei Florence Kalinowski, minha secretária de muitos anos, aos prantos. Ela chegara alguns dias antes para preparar a sala. Mas isso foi impossível.

Por quê?

Porque não tinha conseguido um lápis.

Na administração menor e menos estruturada da Foods Division em Houston, Florence não tinha dificuldade em arranjar um lápis – bastava se dirigir ao almoxarifado no fim do corredor. Em Atlanta, lhe disseram que, para obter material, era necessário preencher alguns formulários de requisição. Naquele dia, como o expediente já havia terminado, a pessoa encarregada de providenciar tais formulários não estava mais na empresa. Para Florence, aquilo foi a gota d'água. Afinal, havia dois dias ela vinha lutando com a burocracia da sede para que instalassem uma copiadora, ligassem os telefones, mudassem o papel de correspondência, arranjassem um arquivo maior e daí por diante. Finalmente, ela desmoronou.

"Não consigo nada", ela me disse chorando. "Nem mesmo grampos para o grampeador que *eu mesma* acabei comprando!"

Mandei-a para casa e liguei para minha mulher, Mickie.

Disse-lhe que, como eu não tinha condições de trabalhar naquele dia, poderíamos jantar mais cedo e depois ir ao cinema.

Se você quiser que nada seja feito, assegure-se de que a preocupação administrativa tenha prioridade sobre todas as outras. Ame a burocracia.

A palavra "burocracia" surgiu na literatura econômica francesa em meados do século XVIII, derivada de *bureau* (escritório) e *cratic* (regra). Muitos cientistas políticos e sociólogos do século XIX e do começo do século XX discutiram seus prós e contras. Os contras eram muitos, como seria de esperar. Thomas Carlyle, um escocês rabugento, chamou a burocracia de "a praga continental".

Mas houve quem a considerasse positiva, até mesmo necessária. Historicamente, ela deve ter tido uma evolução lógica, partindo das pesadas exigências administrativas que envolvem a gestão de qualquer grande empreendimento.

Numa sociedade tribal primitiva, supomos que os líderes conseguiam se destacar com base apenas em seu apelo carismático. E, assim como os guerreiros maoris, mantendo uma dose suficiente de brilho e entusiasmo no olhar, eles seriam capazes de assumir responsabilidades como chefes da tribo ou senhores da guerra. Acontece que, quando as sociedades se tornaram mais complexas, a liderança carismática deixou de ser suficiente. Os chineses, assim como os egípcios e os romanos, certamente não teriam construído seu império sem algum tipo de organização burocrática. Ainda que existissem os escravos, a força bruta não resolvia todos os detalhes.

Por volta da virada do século XX, o sociólogo alemão Max Weber observou que, ao longo da história, ordens hierárquicas de autoridade foram se formalizando nas grandes organizações sociais. Passaram a existir regras escritas, treinamento especializado e, o mais importante, *cargos* com títulos e funções definidas.

As invenções da humanidade que classifico como as mais

notáveis são aquelas que nem levamos mais em consideração porque, agora que as conhecemos, elas nos parecem óbvias. Quem, há milhares de anos, teve, por exemplo, a ideia de inventar o *dinheiro*? Uma iniciativa fantástica. Pegar pedacinhos de alguma coisa (prata, ouro, conchas, contas) e trocá-los por bens tangíveis (voltarei a falar sobre o dinheiro mais à frente).

Na minha opinião, a ideia do *cargo* numa burocracia é igualmente brilhante.

A visão de Weber sobre os sistemas burocráticos era objetiva: considerava-os eficientes, porém impessoais como robôs. Na sociedade moderna, com suas instituições muito mais complexas, acabaríamos sofrendo uma tremenda imobilização sem tais cargos. Nos órgãos governamentais, assim como em qualquer organização empresarial de grande porte, há uma profusão de cargos – vice-presidente de vendas, gerente de distribuição, gerente de recursos humanos, e assim por diante –, todos devidamente discriminados num organograma. Ao longo do tempo, cada um deles pode ser ocupado por uma série de indivíduos que desempenham as funções daquele cargo específico, a fim de atingir os objetivos da empresa em dado momento. Acho isso lindo. As pessoas mudam, mas a função dos cargos é constante. Precisamos ter essa capacidade para que a autoridade possa ser mantida.

Não me canso de dizer que qualquer autoridade ou influência que eu possa ter exercido no universo da Coca-Cola sempre emanaram da palavra que, no meu cartão de visitas, indicava o *cargo* que eu ocupava: "presidente". Meu nome impresso ali não tinha nada a ver com isso. E a importância do título era devida à marca estampada no cartão: "Coca-Cola Company". O nome de menor peso era o meu.

Falo sério.

De qualquer maneira, acho que a estrutura geometricamente elegante de uma organização, isto é, seu organograma, não deveria atrapalhar a criatividade humana nem a produtividade das pessoas.

Personalidade, criatividade, sentimentos, compromisso emocional, imaginação – é preciso haver espaço para que cada indivíduo manifeste essas qualidades inefáveis em todos os cargos da empresa.

Os líderes de organizações complexas andam numa corda bamba, afinal não estão administrando o quartinho de jogos das crianças. Em qualquer negócio, regras e rotinas são necessárias, a fim de que o ritmo adequado de cada atividade seja mantido. Com o tempo, no entanto, parece que as regras e rotinas adquirem mais importância do que os fins a que se destinam. Tornam-se rituais rígidos e obsoletos, bem como obstáculos à energia positiva do sistema.

Os burocratas que controlam esses rituais os protegem com a própria vida, pois qualquer mudança abala o poder ou a autoridade que detêm. Aos poucos, eles mesmos podem se tornar – e quase sempre isso acontece – um empecilho de peso ao progresso e uma bela garantia de fracasso.

E, meu Deus, como essas pessoas se ocupam! Produzem montanhas de relatórios e memorandos internos. Resguardam-se arquivando uma pilha quilométrica de e-mails e memorandos. Voltam para casa à noite reclamando da trabalheira que tiveram no escritório e, na verdade, não fizeram nada de produtivo durante o dia. Em organizações desse tipo o fracasso é garantido. Poucos anos atrás, o setor de papel informou que mais de 500 bilhões de cópias eram feitas anualmente nos escritórios dos Estados Unidos. Que diabos anda sendo copiado, por quem, para quem e com que finalidade? Achei que o correio eletrônico eliminaria todo o fluxo de papel.

(Veja só no que deu a invenção da Xerox!)

Por ter passado a primeira parte da minha vida envolvido

nos negócios que meu pai realizava com gado, me parecia claro que, misturando machos e fêmeas na medida certa, conseguiríamos um número bem maior de animais. Os sistemas burocráticos se multiplicam da mesma forma. Vou explicar. Um gerente é contratado. Um ano e meio depois, ele arranja um assistente. Em pouco tempo, o assistente se torna gerente júnior. E o que acontece então? Surge outro gerente. E o refrão se repete.

Existe uma quantidade incrível de níveis de funcionários. Mas o que acontece quando um cliente telefona? Não há ninguém para atender. Todos estão em reunião. Esses encontros geram mais relatórios, mais e-mails, mais telefonemas, mais reuniões. É verdade: quase sempre há reuniões para planejar reuniões. Elas são os cultos religiosos de uma grande burocracia – e os burocratas são fiéis fervorosos.

Quando eu trabalhava na Foods Division da Coca-Cola em Houston, não tínhamos muita burocracia. Éramos uma empresa jovem formada pela fusão da Duncan Foods com a Minute Maid. Charles Duncan, empresário de raízes escocesas que dirigia a unidade, era durão, inteligente e gostava da simplicidade. Abominava a burocracia e fazia de tudo para mantê-la sob controle. Na Foods Division, não havia cinco níveis de gerência entre o zelador e o presidente. Agíamos rápido, com eficiência e, devo acrescentar, de forma lucrativa.

Charles acabou se tornando presidente da Coca-Cola Company e, posteriormente, integrante do gabinete no governo Carter. Quando me convidou para trabalhar com ele em Atlanta, na unidade de refrigerantes responsável pelo mercado americano, me avisou que seriam necessárias mudanças significativas para dinamizar o sistema na sede da Coca-Cola, que era muito grande e antigo. Ele estava certo.

Logo depois de chegar à sede e descobrir que a enorme burocracia da Coca-Cola provocara o choro de Florence por causa de lápis inacessíveis, comecei a aprender outra lição sobre esse tipo de situação: os burocratas nunca dizem não. Eles simplesmente não fazem o que queremos no momento em que queremos.

Após me instalar no prédio, notei que o tapete de um dos elevadores estava gasto e puído. Pedi então a Florence que ligasse para o departamento de manutenção e solicitasse sua substituição. Alguns meses depois, comentei com ela que a troca ainda não havia sido providenciada. Florence me explicou que vários serviços rotineiros de manutenção vinham sendo realizados e que aquele serviço estava programado.

Um ano depois, quando me tornei presidente da divisão, mencionei que a troca do tapete ainda não havia sido feita. Disseram-me que ela estava agendada para muito breve. Quando me mudei da Coca-Cola USA para os escritórios corporativos dois anos mais tarde, o velho tapete continuava no mesmo lugar. Jamais ouvi um "não" de alguém. Tudo o que consegui, porém, foi absolutamente nada.

Para impedir que as coisas progridam de verdade, faça com que as preocupações administrativas tenham prioridade sobre todas as outras. Ame a burocracia.

Toda organização tem pontos de estrangulamento, outra característica dos sistemas burocráticos cristalizados que ninguém – nem mesmo executivos do mais alto escalão – consegue neutralizar. Nem pense em reclamar com os defensores desses gargalos. Se você fizer isso, eles serão ainda mais lentos na prestação do serviço sob sua responsabilidade.

Anos atrás, quando as salas destinadas ao serviço de cópias viraram a grande novidade dos escritórios e esse trabalho era centralizado em poucas e enormes máquinas copiadoras, gigantescos gargalos começaram a emperrar a eficiência das operações. Em muitos casos, o funcionário encarregado do processo acabava se revelando um tirano teimoso, deslumbrado com o próprio poder. Para conseguir que a tarefa mais simples fosse executada, era preciso uma bajulação interminável.

Situações semelhantes existem em qualquer área dominada pela burocracia, e os barões que as conduzem não podem ser confrontados. Irritar o responsável pelo departamento de viagens ou o funcionário do almoxarifado que fornece clipes pode desencadear um comportamento vingativo contra o "infrator". Por conta disso, depois, obter qualquer coisa dessas pessoas, seja uma passagem, seja um clipe, se torna uma verdadeira batalha campal. Ao falar sobre esse tipo de tirano de escritório num artigo no *Wall Street Journal*, o escritor Jared Sandberg mencionou um encarregado de compras que era especialista em criar pontos de estrangulamento. Ele exigia formulários de requisição até para as coisas mais banais. Quando uma secretária o procurou porque seus formulários haviam acabado, ouviu dele: "Preencha um formulário de requisição."

Uma burocracia cristalizada é frustrante porque os burocratas entrincheirados, além de executarem pouquíssimo trabalho produtivo, impedem que outras pessoas façam o que têm que fazer. Eles vivem tão ocupados protegendo seu território que bloqueiam o fluxo de informações essenciais e sabotam quaisquer oportunidades de sucesso que alguém possa ter, a fim de que apenas os seus próprios êxitos apareçam.

A velha lei da selva empresarial que diz "O seu sucesso é o meu fracasso" está sempre em vigor nos sistemas burocráticos que têm uma estrutura hierárquica muito pesada. Dá quase para sentir o cheiro de sangue. A competição faz parte da natureza humana. No entanto, quase sempre, quanto mais trivial o problema e mais inconsequente a rivalidade, mais contraproducente é a luta.

Esse tipo de organização é como um Gulliver amarrado por centenas de liliputianos. Dizem que foi lançado um jogo chamado Burocracia. Os participantes ficam de pé em um círculo, e a primeira pessoa a fazer alguma coisa é o perdedor!

Para ficar sem alguns dos seus melhores colaboradores, faça

com que as preocupações administrativas tenham prioridade sobre todas as outras. Ame a burocracia.

Especialistas em recursos humanos me disseram que, quando se perde um gerente de nível médio, o custo para encontrar, atrair e treinar um substituto é duas vezes maior do que a média do salário anual do ex-funcionário. Fica evidente que vale a pena manter bons profissionais. Na Coca-Cola Company, sempre lutamos para conservar nossos colaboradores mais talentosos, assim como faz a maioria das empresas. Em um empreendimento global que se estende por diversas regiões, algumas pessoas são inevitavelmente convencidas a mudar de emprego. Mas sempre que tomávamos conhecimento de que um funcionário valioso estava insatisfeito, corríamos para descobrir o motivo e tentávamos reverter a situação. Às vezes não obtínhamos a informação com a rapidez desejada, e perdíamos o colaborador antes que fosse possível agir. Outras vezes não havia o que fazer.

Aprendi com a experiência que, quase sempre, o motivo que as pessoas apresentavam para se demitir não era a remuneração nem a dificuldade do trabalho, e sim a burocracia. A impossibilidade de desempenhar suas funções. E isso as frustrava. Ainda assim, ao contrário do gerente da Coca-Cola no Japão que jogava no lixo os memorandos e as diretrizes da matriz, esses colaboradores não tinham coragem bastante para tomar uma atitude similar.

Nas entrevistas de demissão, a resposta à pergunta "Por que deseja se demitir?" quase sempre denunciava o peso sufocante da burocracia.

Um dos maiores desafios em qualquer grande empresa é eliminar a burocracia desnecessária. Como presidente da Coca-Cola Company, sempre me descrevi como um zelador muito bem pago. Minha função era manter os corredores livres para que os colaboradores mais brilhantes pudessem fazer seu trabalho, que era conquistar e atender clientes, assim como aumentar o valor das ações.

Bem cedo na minha carreira cheguei à conclusão não muito surpreendente de que a meta de todo negócio é atender os clientes atuais com eficiência e conquistar outros novos. Tanto faz se você lida com carros, cosméticos ou computadores – estou falando de clientes. Ainda que a sua atividade seja algo incomum, como apagar incêndios em refinarias de petróleo, você tem que fazer marketing da sua especialidade para que alguém possa vir a cogitar a ideia de contratar seus serviços. A Red Adair, que atuava nesse segmento, promoveu a própria reputação em todo o mundo para que o seu nome – a sua "marca" – ficasse associada a essa habilidade específica.

A marca Coca-Cola é sinônimo de boas sensações, de momentos agradáveis, de algo refrescante. "Tudo vai melhor com Coca-Cola", dizia um dos nossos anúncios. Da mesma forma, na empresa, a nossa função era garantir que todas as pessoas com as quais tivéssemos contato se convencessem de que tudo realmente iria melhor com uma Coca-Cola. Dos funcionários que atendem telefonemas aos homens e mulheres do sistema de engarrafamento, passando pelo gabinete do presidente do conselho e pela diretoria, embora cada um faça coisas diferentes, a verdadeira função de todos é promover a Coca-Cola.

Corria na empresa a história de que, certa vez, o Sr. Woodruff e o advogado que era o principal consultor jurídico da companhia estavam reunidos com várias pessoas que conheciam os dois. A certa altura, o Sr. Woodruff pediu ao advogado que dissesse aos presentes qual era a sua função. Sem hesitar um segundo, ele respondeu: "Sr. Woodruff, eu vendo Coca-Cola."

Esse papel sempre esteve no topo da minha lista de responsabilidades. Estimulei uma forte mentalidade de venda em toda a empresa e no sistema Coca-Cola no mundo inteiro. Toda despesa feita, todo departamento criado, todo projeto lançado tinha antes que responder à pergunta básica: isso ajudará a conquistar e atender clientes? Se a resposta não fosse um claro e categórico "Sim!", o que quer que estivéssemos cogitando gastar ou adotar era descartado. Quando se conclui que existem 50 atividades que não estão relacionadas ao cliente, pode ter certeza de que há 50 estruturas burocráticas compostas de indivíduos que desempenham com extrema competência funções que não deveriam existir porque não atendem o cliente.

Muitas empresas perdem o rumo. Começam enxutas e focadas, conferindo o fluxo de caixa e aguardando as informações na segunda-feira para ver o que pode ser gasto na terça. À medida que obtêm sucesso, fica mais fácil perder o foco, e o resultado é que elas acabam plantando as sementes do fracasso. Escorregam no quesito disciplina. De repente estão contratando assistentes para assistentes de assistentes. Em pouco tempo, uma nova realidade se instala. Os funcionários olham em volta e se perguntam: "Como foi que crescemos tanto? Quem são aquelas pessoas na sala no fim do corredor?" Isso acontece.

A Dell Computers começou como uma empresa muito enxuta. Com o tempo foi crescendo e adquirindo um número cada vez maior de níveis de gerência. Deixou de ser lucrativa e perdeu o primeiro lugar no mercado para a Hewlett-Packard. Àquela altura, o fundador, Michael Dell, voltou à presidência da empresa. Uma das primeiras coisas que fez foi enviar um e-mail a todos os funcionários: "Temos pessoas ótimas aqui (...) mas também temos um novo inimigo: a burocracia, que nos custa dinheiro e atrasa nossa vida. Nós a criamos e submetemos o nosso pessoal a ela. Agora temos que dar um jeito nisso!"

É inquestionável que os sistemas burocráticos entram em conflito e trabalham uns contra os outros. Sempre me dediquei muito a esfriar esses enfrentamentos, desestimulando qualquer funcionário a entrar na minha sala para criticar outro departamento. Se existissem reclamações, que fossem manifestadas num ambiente onde todos estivessem cara a cara. Procurei também desencorajar colaboradores a me trazerem informações e a me fazerem perguntas nos corredores. É fácil cair na armadilha do que chamo de "gestão a caminho do toalete".

Você está se dirigindo ao banheiro quando alguém o aborda, dizendo: "Queria falar com você sobre um assunto." Minha reação era sempre a de frear aquele movimento, com respostas do tipo: "Na próxima reunião operacional conversaremos sobre isso." Na maior parte das vezes, era possível sanar conflitos ou, no mínimo, controlar os danos potenciais.

A burocracia é um animal selvagem difícil de domar.

> *"Uma comissão é um grupo de homens que, individualmente, não podem fazer nada, mas que, em grupo, decidem que nada pode ser feito."*
> – Fred Allen

SEGUNDO WARREN BUFFETT, em uma das empresas que passaram ao controle da Berkshire Hathaway, 54 comissões que envolviam um número muito alto de funcionários e demandavam uma quantidade excessiva de horas trabalhadas foram eliminadas logo no primeiro mês. Como disse Buffett: "É inacreditável a quantidade de burocracia que pode ser criada numa empresa, sobretudo quando é possível repassar todas as despesas para o consumidor."

Só para registrar: em 2007, a Berkshire Hathaway possuía mais de 76 empresas com quase 232 mil funcionários e uma receita superior a 18 bilhões de dólares. Sua equipe na sede mundial era composta de 19 pessoas.

Peter Drucker passou mais de 60 anos dando aulas e prestando consultoria, além de ter escrito mais de 30 livros nesse período.

Um dos temas que ele abordou com mais regularidade diz que empreendimentos inteligentes não gerenciam cada mínimo passo dos funcionários nem ficam regulando detalhes de sua atuação. As organizações inteligentes valorizam os colaboradores, estimulam suas contribuições e encorajam seu lado criativo. Empresas burras, ao contrário, permitem que a imaginação das pessoas seja sufocada por camadas e camadas de burocracia.

– O que você faz, Roberto?
– Nada.
– E você faz o que, Jorge?
– Sou o backup dele.

A CRÍTICA CONSTANTE de Drucker à burocracia culminou num artigo emblemático intitulado "Sell the Mailroom" (Venda a sala de correspondência), publicado no *Wall Street Journal* em 1989 e republicado em 2005. Numa época em que a maioria das empresas tentava melhorar a eficiência do pessoal de apoio, Drucker sugeria a necessidade de eliminá-lo por completo, terceirizando suas funções. Ele observou:

> "Atividades e serviços de apoio realizados internamente são monopólios *de facto*. Não há estímulo para que sua produtividade aumente. Afinal, não existe concorrência. Na verdade, a falta de incentivo para que sua produtividade melhore é grande. De maneira geral, em qualquer organização, pública ou privada, o padrão e o prestígio de uma atividade são avaliados por seu tamanho e pelo orçamento – sobretudo no caso de serviços que não contribuem de forma direta e mensurável para o lucro final, como os de auxiliar de escritório, limpeza e manutenção em geral. Por essa razão, incrementar sua produtividade quase nunca é um caminho para o avanço e o sucesso.

Quando os colaboradores do setor interno de apoio sofrem críticas por realizarem um trabalho medíocre, os gerentes costumam reagir contratando mais gente. Uma empresa terceirizada, ao contrário, sabe que será dispensada e substituída por uma concorrente mais competente se não melhorar a qualidade do serviço prestado e reduzir os custos."

Terceirizar para criar uma organização com menos níveis hierárquicos e mais enxuta é a forma mais eficiente e inovadora de administrar um negócio.

Se quiser fracassar, ame a burocracia – morra de amores por ela.

Devo fazer uma última observação sobre o risco da burocracia: na pior das hipóteses, ela não apenas impede o sucesso, como também precipita o desastre.

Em 28 de janeiro de 1986, o ônibus espacial *Challenger* explodiu logo após seu lançamento, matando os sete tripulantes. A bordo estava Christa McAuliffe, a primeira participante do programa Professor no Espaço, da Nasa.

No dia 1º de janeiro de 2003, o ônibus espacial *Columbia* pegou fogo ao reentrar na atmosfera sobre o estado do Texas. Seus sete tripulantes morreram.

Os dois desastres foram atribuídos a falhas técnicas.

Como não temos informações de fontes diretas, só nos resta especular com base nos dados que vieram à tona nas audiências públicas e em outras análises posteriores. É claro que muitas pessoas podem não concordar, no entanto diversas análises parecem mostrar que as falhas técnicas nessas missões foram em parte consequência do fracasso burocrático.* As decisões de lançar os dois ônibus espaciais partiram de uma burocracia altamente hierarquizada da Nasa que procurava atender vá-

---

* Forrest, Jeff. "The Challenger Shuttle Disaster: A Failure in Decision Support System and Human Factors Management." Originalmente elaborado em 26 de novembro de 1996 e publicado em 7 de outubro de 2005 em URLDSSResoursces.COM.

rios mestres – a comunidade científica, o Pentágono, o governo e o Congresso. Essa lista inclui ainda os fornecedores de peças e sistemas que tomaram parte no processo decisório.

Qualquer pessoa que já tenha participado de um processo decisório carregado de emoção sabe quantos fatores podem estar presentes. E sabe também que, algumas vezes, eles tornam secundárias as ponderações mais racionais. Com base na experiência que tenho nesse assunto, sobretudo em relação à New Coke, creio que a Nasa possa ter enfrentado problemas semelhantes, embora, é claro, bem mais críticos. Como eu disse antes, quanto maior a empolgação, quanto maior a sensação de urgência e quanto maior o número de chefs na cozinha, maior a chance de que o processo decisório burocrático chegue a um impasse ou que se opte pela decisão que atende o desejo coletivo. Como ocorreu com a New Coke e como acontece em certas fusões e aquisições, ninguém na equipe quer jogar água fria na fervura.

E, quando existem muitas forças antagonistas agindo dentro de uma burocracia hierarquizada, lutas em defesa do próprio território acabam agravando ainda mais a situação. Uma burocracia pode alcançar um grau tão alto de disfunção a ponto de, literalmente, não haver ninguém capaz de jogar água fria na fervura. A equipe não consegue nem sequer chegar perto de uma decisão objetiva. No caso da Nasa, há indícios de que a responsabilidade era tão difusa que todos pensavam que outra pessoa no sistema identificaria um erro. Mas isso não aconteceu. De acordo com depoimentos colhidos após os desastres, parece que o sinal verde decisivo não foi dado pelos indivíduos que detinham as informações mais importantes, e sim pelos que possuíam mais poder.

O episódio do furacão Katrina é um exemplo típico da burocracia com alto nível de disfunção. Muito já se escreveu – e continuará a ser escrito – sobre o total fracasso burocrático que envolveu esse caso em todos os níveis, deixando um saldo de mortes e de sofrimento indescritível.

A burocracia que funciona mal cria situações difíceis e onerosas para as empresas. Perde-se um tempo enorme classificando as coisas, e isso aumenta a probabilidade de que as pessoas cometam erros depois por causa da frustração de terem que correr contra o relógio. Acontece que esse tipo de falha custa dinheiro.

Quando os sistemas burocráticos travam embates em grandes decisões de vida ou morte, o custo pode ser catastrófico. (Fica claro, com base em desempenhos recentes, que a Nasa aparou arestas no seu processo decisório e descobriu um meio de harmonizar suas estruturas burocráticas. Ao que parece, a Agência Federal de Administração de Emergências também dinamizou suas políticas e procedimentos, a fim de eliminar trâmites burocráticos.)

Nono Mandamento

ENVIE MENSAGENS CONFUSAS

> *"O problema com a comunicação*
> *é a ilusão de que ela ocorreu com sucesso."*
> – George Bernard Shaw

ENVIAR MENSAGENS confusas a funcionários e clientes é um bom meio de pôr em risco sua posição competitiva e se encaminhar para o fracasso. Jack Welch deu a entender que, quando assumiu a GE, a empresa estava envolvida num emaranhado de mensagens dúbias, com muitas unidades antigas à beira do desastre. No início da década de 1970, ocorreram na Coca-Cola Company várias situações em que a comunicação foi, na melhor das hipóteses, enganadora, sobretudo com o nosso próprio pessoal e com os engarrafadores, mas também com os nossos clientes varejistas. Uma situação problemática foi a que enfrentou o departamento de vendas do refrigerante em copo, cuja gerência vinha emitindo uma boa dose de mensagens incertas.

Como o pai que diz ao filho "Coma tudo ou não vai ter sobremesa!", nós também fizemos isso, porém não levamos a sério. Assim, eles acabaram comendo a sobremesa.

Quando, em 1973, cheguei a Atlanta para trabalhar na unidade de refrigerantes responsável pelo mercado americano, o departamento de vendas em copo era o queridinho histórico da empresa. Afinal, foi em Atlanta que a Coca-Cola surgiu, comercializada em máquinas, e, ano após ano, continuamos seguindo tranquilamente em frente, servindo nossos produtos em copos descartáveis ou de vidro em todo tipo de distribuidores, das lanchonetes McDonald's a estádios esportivos. Contávamos com cerca de 700 vendedores que visitavam esses clientes. Uns poucos atendiam cadeias de lojas, respondendo às suas sedes, enquanto a maioria deles visitava distribuidores varejistas ajudando-os a comercializar os nossos produtos nos pontos de venda. Não havia dúvida de que a Coca-Cola era a líder mundial nesse segmento.

O problema foi... Ora, foram vários os problemas. Acima de tudo, porém, estávamos, de repente, perdendo dinheiro.

Para começar a história, no fim da década de 1960, o departamento de vendas em copo adotou um estranho sistema de alocação de recursos baseado na projeção do vendedor quanto ao volume anual de vendas de um distribuidor. A maioria dos bons vendedores é otimista por natureza. A questão, contudo, é que os distribuidores recebiam toda a verba promocional no início do ano, calculada com base naquela estimativa. A encrenca surgia em dezembro, quando suas vendas se revelavam drasticamente abaixo da expectativa.

Não é preciso ser matemático para saber que a empresa pagava em dinheiro por vendas que não se efetivavam e que as margens brutas desapareciam. Isso em si era uma dupla mensagem, tanto para o distribuidor quanto para a companhia.

Além de bancarmos esse esquema bizarro, continuávamos a absorver o custo inflacionado dos ingredientes do xarope da Coca-Cola, porque, aparentemente, estava escrito a ferro e a fogo que o preço desse ingrediente para o cliente varejista era fixo. Ao longo dos anos, os custos haviam aumentado, e as margens de lucro, diminuído. Ainda assim, a gerência se recusava a lidar com o problema, temendo que uma elevação do preço pusesse em risco o negócio e o deixasse vulnerável a um ataque da concorrência. A verdade é que não eram apenas as nossas despesas que aumentavam – as dos concorrentes também seguiam pelo mesmo caminho. E, na minha opinião, eles não poderiam se dar ao luxo de não agir como nós.

Foi quando Charles Duncan me pediu que fosse trabalhar em Atlanta com o presidente da Coca-Cola USA, Luke Smith. Minha primeira tarefa era resolver o problema com o departamento de vendas em copo. Depois de examinar a situação, tornou-se evidente para mim que não tínhamos alternativa senão aumentar o preço. Muitos gerentes do setor me procuraram para explicar em detalhes que não podíamos adotar aquela medida. Mesmo depois de ouvi-los, decidimos, numa sexta-feira, elevar o preço em cerca de 20 centavos o galão.

Na segunda-feira seguinte, os concorrentes não nos mataram. Eles também aumentaram os preços.

Isso é uma simples demonstração de como uma ideia pode ficar tão arraigada a ponto de se tornar imutável. O que fiz, na condição de alguém de fora, foi olhar para os móveis de um jeito ligeiramente diferente, sem a influência das pessoas que conviviam com eles. Mudei a localização do sofá. E a casa não caiu por causa disso.

Já falei da maravilhosa invenção do dinheiro. Ao longo da minha carreira nos negócios, pensei bastante sobre a maneira de avaliar em termos reais o dinheiro vivo. Dinheiro em espécie é a grande abstração que torna possível o comércio.

Mas sempre me preocupou a ideia de estarmos chegando a um nível tal de abstração na nossa empresa que acabássemos perdendo de vista a realidade.

Em 1971, na Foods Division em Houston, percebi que era possível alguém conseguir um diploma de Administração, ir trabalhar na companhia, ficar lá durante 40 anos lidando com operações cotidianas sem jamais ver um dólar em espécie. Nenhum dólar em espécie é pago a funcionários, a fornecedores, à mídia pelos anúncios, etc. Na matriz, os executivos lidam apenas com orçamentos que não passam de números no papel. É muito ilusório. De tão abstrato nem tem significado.

Em Las Vegas, demite-se um crupiê que não recolha imediatamente da mesa de jogo qualquer valor em espécie. Os cassinos não querem que os jogadores pensem em dólares reais, por isso usam fichas coloridas. Os clientes gratificam com uma ficha de 50 dólares o garçom que lhes serve um drinque gratuito porque não estão pensando em "50 dólares", mas em "apenas uma fichinha".

O governo dos Estados Unidos gasta cerca de 7,4 bilhões de dólares por dia. No entanto, um bilhão já é uma cifra alarmante. Um bilhão de minutos atrás, o imperador Adriano estava construindo sua muralha. Um bilhão de horas atrás, os nossos ancestrais viviam na Idade da Pedra. Um bilhão de dias atrás, o *Homo erectus* não existia.

Faz alguns anos, C. Northcote Parkinson sugeriu no livro *A lei de Parkinson* que a maioria das pessoas não é capaz de entender com exatidão o volume de dinheiro representado por todos os zeros num grande plano orçamentário. Elas só conseguem registrar somas bem menores, como algumas centenas ou, no máximo, muitos milhares. Eu vinha tentando descobrir meios de levar os colaboradores da Foods Division a pensar em quanto dinheiro de verdade estavam gastando, em cada dólar que entrava e que saía, quando me ocorreu a ideia: não vamos apenas *pensar* em dinheiro vivo; vamos *usar* dinheiro vivo!

Liguei para o diretor financeiro e avisei que na primeira semana do mês seguinte eu queria que absolutamente tudo fosse pago em dinheiro vivo – cada dólar, cada centavo. Se um executivo fosse viajar para Nova York e a passagem custasse 692 dólares, deveriam lhe dar 692 dólares. Se um anúncio de página inteira no *The New York Times* custasse 19.458 dólares, o responsável deveria pagar 19.458 dólares em espécie. Todas as contas tinham que ser pagas em dinheiro vivo. Salários. Compras de lápis e canetas. Cada mínima transação.

A Foods Division não era um departamento pequeno, mas tampouco se tratava de um gigante corporativo. Ainda assim, não houve dinheiro vivo suficiente em todos os bancos de Houston para realizar a experiência.

É claro que foi uma ideia chocante, e nunca fomos capazes de executá-la. De todo modo, teria sido interessante a lição de fazer com que manipulássemos dinheiro de verdade em vez de lidarmos apenas com números nos orçamentos.

Nunca consegui encenar de fato a difícil realidade que envolve o dinheiro. Apesar disso, com o departamento de vendas em copo, pelo menos fui capaz de destacar a importância de ganhá-lo.

Uma última mensagem confusa pertinente ao departamento de vendas em copo era a de que, independentemente dos seus resultados, mantinha-se a tradição de congregar a cada inverno todos os gerentes e vendedores, acompanhados dos respectivos cônjuges, numa "reunião de vendas" que, na verdade, era uma comemoração suntuosa em algum resort exótico numa praia ensolarada. É claro que, no ano em que cheguei, o planejamento daquele encontro ia de vento em popa, embora estivéssemos perdendo dinheiro.

Mensagem dúbia: "Não importa o que você faça, nós o recompensaremos."

Assim, uma das mudanças previstas era a de que a empresa deixaria de recompensar o mau desempenho. Para enfatizar, anunciei: "Este ano a reunião de vendas será em Chicago, que é uma cidade excitante, mas não um resort de verão. Vamos nos reunir num hotel executivo, de três estrelas. Sem maridos nem mulheres. Todos ficarão em quartos duplos."

Confessei que também não gostava do hotel nem de Chicago naquela época do ano. Mas eles não podiam gastar um dinheiro que não tinham. Todos captaram a mensagem.

No ano seguinte, houve um enorme aumento nas vendas e nos lucros e tivemos uma bela comemoração no Havaí. Com maridos e mulheres.

E dali em diante todos os anos foram lucrativos.

> *"Existem muitas coisas na vida mais importantes do que dinheiro, e todas elas custam dinheiro."*
> – Fred Allen, de novo.
> (Ele deveria dar aulas na Faculdade de Administração de Harvard.)

AS MENSAGENS DÚBIAS poderiam ser o tema de uma das minhas experiências mais angustiantes. Em 1985, recebi do governo jamaicano o Prêmio Martin Luther King da Paz. O primeiro-ministro, Edward Seaga, e vários generais estavam presentes à cerimônia. Durante o café da manhã, os militares não paravam de cochichar com o primeiro-ministro, que, finalmente, sussurrou para mim: "Depois do discurso, o senhor não vai pegar o carro. Vamos subir ao seu quarto." E assim foi feito. Até onde a minha vista alcançava, eu via incêndios por todo lado, bem como gente gritando e protestando. Perguntei a eles se a Coca-Cola havia feito alguma coisa na Jamaica da qual eu não estivesse a par. "Não, não é nada disso. O povo está agitado apenas porque o preço da gasolina subiu. Em todo caso, não queremos correr riscos." Por isso me embarcaram em um helicóptero e decolamos. Sempre me pareceu irônico o fato de receber o Prêmio da Paz e ter que fugir de helicóptero com guarda-costas armados.

Na Coca-Cola Company, o maior problema com mensagem de duplo sentido ocorreu em nosso sistema mundial de engarrafamento. Aos poucos, ele vinha perdendo a sintonia com o sistema varejista internacional, e um realinhamento significativo estava se mostrando necessário. Era imprescindível que acompanhasse as mudanças ocorridas no tecido social e econômico do mundo.

A tecnologia foi, sozinha, a responsável por boa parte da mudança. No dia 10 de julho de 1962, uma imagem televisiva foi transmitida ao vivo de um lado a outro do Atlântico por meio do novo satélite de comunicações, o Telstar. Daquele momento em diante, o globo começou a caminhar, a passos largos, para ser tornar cada vez menor.

Até determinado dia, pessoas de vários países se vestiam de forma diferente, cantavam canções diferentes, liam publicações diferentes e assistiam a programas de televisão diferentes. No dia seguinte, ao que parece, todas ficaram parecidas – passaram a ouvir a mesma música, a ler as mesmas coisas e assistir aos mesmos programas. De Bangor, no Maine, a Bangalore, na Índia, todos vestiam calças Levi's, camisetas e tênis. Por volta dos anos 1970, o rock and roll e os esportes transmitidos pela televisão estavam unindo indivíduos em todo o planeta como jamais acontecera antes. Todo mundo conhecia Mohamed Ali. As Olimpíadas de 1976 foram vistas por mais de um bilhão de espectadores. Até mesmo alguns alimentos eram servidos em todos os lugares.

Contudo, à medida que o mundo se tornava cada vez menor e mais "globalizado", a Coca-Cola Company se viu enviando mensagens cada vez mais truncadas às unidades de seu vasto empreendimento em diversos países. A impressão era a de que não conseguíamos unir todos os gestores em torno da mesma estratégia de marketing e da busca dos mesmos objetivos. Embora o mundo estivesse se tornando cada vez mais unificado, não era isso que estava acontecendo com a companhia. É possível que "Coca-Cola" fosse a segunda palavra mais conhecida no planeta depois de *okay*, porém a empresa tinha identidades marcantemente distintas em todo o globo. E as sementes do fracasso começavam a dar frutos.

O principal motivo era nada menos do que a maneira como o sistema havia sido montado: ao longo de muitas décadas, o empreendimento internacional da Coca-Cola fora erguido por um grupo de "missionários" empresariais enviados para converter o mundo. Cada um deles tinha seu modo de ver aquela empreitada e atuava, como já disse, praticamente por conta própria. Esses indivíduos gozavam de uma tremenda autonomia porque não havia na época outra maneira de construir um negócio de abrangência global. Por causa disso, a forma como o sistema se desenvolveu e a maneira como o produto e a empresa eram vistos nas várias partes do globo eram diferentes. As únicas coisas iguais eram o sabor da Coca-Cola, sua marca registrada, a embalagem e a paixão pelo negócio – e um grande empreendimento mundial foi assim construído. Tais diferenças podem, em geral, ser creditadas a cada homem que desbravou determinado território para a companhia.

Um pioneiro da Coca-Cola chamado Bill Bekker, por exemplo, foi para a América Latina. Descobriu um universo com populações enormes, mas de pouco poder aquisitivo. Por isso, montou um negócio que girava em torno de volume. Vendia milhões de caixas de Coca-Cola a um preço acessível a qualquer consumidor, do Rio Grande do Sul à Patagônia. Nessa parte do globo, portanto, tínhamos um bom empreendimento de *volume alto e margem baixa*.

Na Europa, Max Keith, outro pioneiro, trabalhava com uma população muito menor, cuja renda era mais alta. Sucos e todo tipo de bebidas já faziam parte do estilo de vida naquele continente, motivo que o levou a apresentar a Coca-Cola como algo especial para ocasiões especiais. Ali, tínhamos um empreendimento de *volume baixo e margem alta*.

Da mesma forma, o nosso negócio foi organizado e estruturado com ligeiras diferenças em cada país da Ásia, da África e do Oriente Médio. Em alguns lugares, era supermoderno e dinâmico. Em outros, os produtos eram levados ao mercado em lombo de burro. Tínhamos um fantástico mosaico composto de vários baronatos independentes unidos em torno de um mesmo produto e de um mesmo padrão de qualidade, contudo diferentes em tantos aspectos que, dificilmente, conseguiam comunicar-se entre si. E, de fato, durante muitos anos isso não foi preciso.

A necessidade de unificar a imagem

Na década de 1960, porém, o mundo estava mudando rapidamente. E as transformações se aceleraram ainda mais nos anos 1970. Os mercados se uniam, transcendendo as fronteiras. O marketing da Coca-Cola, que até então apresentava uma simples padronização com a propaganda criada pela Coca-Cola Export Corporation em Nova York, carecia de um novo dinamismo que se encaixasse nas estratégias globais de marketing dos nossos clientes de atuação internacional, como o McDonald's e alguns hipermercados. Precisávamos desenvolver novas embalagens, como latas e garrafas maiores. Além disso, descobrimos que, embora o nosso sistema fosse composto por uma série de empresas que atuavam de forma independente em diversas regiões do globo, os nossos consumidores em todo o mundo estavam se tornando mais homogêneos em termos de preferência.

Nos anos 1970, o então presidente do conselho e CEO, Paul Austin, transferiu a Export Corporation de Nova York para Atlanta e, para obter certa coerência global, as reuniões com os executivos da Coca-Cola no mundo todo passaram a ser mais regulares. De qualquer forma, quando se tem uma cultura tão divergente quanto aquela, é difícil mudar.

Em meados da década de 1970, quando a recessão atingiu os Estados Unidos fazendo explodir a inflação, e enquanto renegociávamos contratos com os engarrafadores americanos, a turbulência política grassava na América do Sul. Na Europa e na Ásia, as mudanças se aceleravam. Ao mesmo tempo, o nosso principal concorrente ganhou um contrato exclusivo na Rússia, e os árabes não queriam saber da Coca-Cola, porque a empresa concedera uma franquia de engarrafamento em Israel. O marketing da concorrência estava sendo revitalizado. O preço das ações da Coca-Cola Company estava em queda livre. Resumindo, o mundo da Coca-Cola passava por um grave abalo.

A necessidade de sacudir o velho esquema

Em 1981, quando assumimos os cargos de liderança na empresa, Roberto Goizueta e eu nos deparamos com vários desafios. Havia, por exemplo, a necessidade urgente de revigorar nossa imagem com a introdução de um produto do qual sabíamos precisar havia anos – a Diet Coke. O maior desafio para isso era unificar a direção e as metas da organização em todo o mundo. Embora fosse arriscado criar agitação e sacudir alguns desses feudos há muito estabelecidos, não víamos outra alternativa para modernizar o marketing e tornar o sistema de distribuição mais eficiente, a fim de atender os nossos clientes de atuação mundial.

O primeiro passo era acabar com as mensagens dúbias e convencer todos os envolvidos de que, embora cada setor do nosso empreendimento global pudesse se manter relativamente autônomo, precisávamos nos tornar mais transnacionais, pois essa era a realidade atual dos mercados.

Red Auerbach, lendário treinador dos Boston Celtics, disse que, se um jogador perde um arremesso, a falha é de quem fez o lançamento: "Se esse atleta tivesse se comunicado de forma adequada, o receptor teria captado a mensagem e estaria no lugar certo, no momento certo, para pegar a bola." Nossa obrigação era garantir que cada líder do negócio, independentemente do país em que estivesse, compreendesse a mensagem de que o nosso negócio – o negócio deles – precisava mudar.

Todos os líderes do sistema Coca-Cola, procedentes do mundo inteiro, participaram de uma reunião em Palm Springs, na Califórnia. Roberto abriu o encontro com uma proposta surpreendente, que chamou de "matar uma vaca sagrada por dia". Segundo ele, seria preciso reinventar a empresa quase do zero. Em seguida, apresentamos de forma objetiva um projeto no qual vínhamos trabalhando havia algum tempo. A ideia era, basicamente, unificar em Atlanta o controle da atividade internacional da empresa sob um propósito diretivo único, mas mantendo a força e a individualidade de cada uma das unidades locais. Conseguimos implementar uma estratégia com a filosofia "pensamento global, ação local" muito antes que isso virasse moda.

Uma nova mensagem dúbia sobre a atividade que desenvolvemos

Já mencionei a reconhecida necessidade que a Coca-Cola apresentava de diversificar. No caso da atividade vinícola, descobrimos que as promessas de sinergia não se concretizariam e, por isso, vendemos o empreendimento.

Houve outra tentativa de diversificação em que perseveramos durante o curto período em que ela se mostrou lucrativa, mas da qual, por fim, desistimos: a indústria cinematográfica.

Em janeiro de 1982, anunciamos que a Coca-Cola Company comprara a Columbia Pictures. Wall Street afirmou que havíamos pago caro demais pelo estúdio, e as ações da companhia caíram 10%. Muitos acharam que Roberto e eu tínhamos cometido um erro fenomenal. Em pouco tempo, contudo, a aquisição da Columbia começou a se mostrar um bom negócio. Produzimos dois grandes sucessos, *Tootsie* e *Gandhi*. No final de 1983, embolsamos um lucro 50% superior às nossas expectativas mais otimistas.

Dali em diante e por muitos anos, a Columbia contribuiu para os lucros domésticos da empresa e nos encheu de entusiasmo. A decisão de adquirir e operar o estúdio se mostrara acertada. Sem dúvida, era divertido estar na indústria cinematográfica. Era algo glamouroso.* Ainda assim, à medida que a nossa receita crescia graças à rápida expansão global do setor de refrigerantes, a necessidade dos ganhos e lucros relativamente modestos que aquele empreendimento nos proporcionava foi desaparecendo. Embora se tratasse de uma parte até certo ponto pequena do nosso negócio, ela consumia um volume absurdo de tempo e atenção. A Columbia vinha enviando mensagens dúbias a todos sobre o que era de fato importante.

Além disso, o próprio negócio era sabidamente imprevisível. Não é possível obter de uma empresa cinematográfica uma receita constante e garantida. Herbert Allen deixou isso bem claro para nós desde a primeira rodada de negociações, e ele estava certo. Por isso, embora nossa experiência com filmes tenha se revelado um sucesso, Roberto e eu, baseados no sábio conselho de Herbert, decidimos que a Coca-Cola deveria retornar à sua atividade básica.

Por meio da Allen & Company vendemos a Columbia por uma quantia bem mais alta do que a que havíamos desembolsado para comprá-la.

Chegara a hora de acabar com as mensagens confusas. Não éramos uma emissora de televisão nem estúdio de cinema. Es-

* Nós mesmos, é claro, não nos tornamos celebridades. Na verdade, na estreia de *Gandhi*, quando Roberto e eu chegamos numa limusine que parou em frente ao cinema, os flashes dos fotógrafos começaram a espocar à nossa volta. Assim que descemos do carro, uma caçadora de autógrafos aproximou-se de nós, mas deu meia-volta. Amargamente decepcionada, ela disse: "Esqueçam. São dois ninguéns."

távamos no comércio global de bebidas. Era o que sabíamos fazer melhor e era nisso que queríamos que o nosso pessoal pensasse o tempo todo.

Mais um exemplo da IBM

Quando John Akers dirigia a IBM, o seu mantra, o "novo paradigma", como ele o chamava, era se aproximar o máximo possível do cliente - estar atento a ele, pensar como ele.

No início de 1989, para enfatizar tal filosofia, Akers convocou uma grande reunião dos principais funcionários da IBM em todo o mundo. Realizado em Armonk, Nova York, foi um evento superbadalado. Após a abertura, Akers fez um discurso sobre a supremacia do cliente no mundo IBM. A fim de destacar quanto era importante esse novo paradigma, declarou que, como peça central do encontro, eu seria o palestrante da primeira sessão.

No início da sessão matutina e antes de me apresentar, Akers disse mais ou menos o seguinte: "Quero que todos vocês sintam o gostinho de algumas das discussões profundas que temos tido aqui na matriz para explorar maneiras de atender melhor os nossos clientes e reafirmar a nossa dedicação a eles." Em seguida, exibiu um vídeo de altos executivos da IBM, entre os quais ele próprio, sem paletó e de mangas arregaçadas, participando de compenetradas reuniões sobre clientes e atendimento ao consumidor. Além de tabelas e gráficos, havia um intermediador profissional que não parava de lembrar os presentes da importância do novo paradigma.

Assisti a esse vídeo junto com a plateia. Naturalmente, não pude deixar de reparar que na grande mesa de reunião, diante de cada executivo participante do debate sobre os clientes, havia uma lata de Pepsi-Cola. Ninguém disse uma palavra a respeito.

Depois fui apresentado. Agradeci a John pelo convite e lhe

perguntei se ele me faria o favor de reprisar parte daquele vídeo fantástico que mostrava os executivos da IBM trabalhando. A certa altura, pedi-lhe que parasse o filme.

E disse o seguinte: "A Coca-Cola Company tem o maior orgulho de ser um dos principais clientes da IBM, e vocês muito nos honram por terem me convidado para estar aqui hoje. No entanto, vocês fizeram este vídeo – que tenho certeza foi visto repetidas vezes – em que você, John, e muitos executivos do primeiro escalão da empresa aparecem tendo à sua frente uma lata do produto fabricado pela maior concorrente da nossa companhia – a Pepsi-Cola. John, acho que você poderia interromper agora mesmo este encontro porque todos já captaram a ideia. Você e seus colaboradores afirmam que é preciso estar atento ao cliente, mas, como grupo, vocês estão ignorando um dos clientes que está bem aqui no palco."

O nervosismo dominou a plateia, todos pareciam sem ar. Em seguida, houve uma explosão de aplausos. A mensagem fora captada. Com o passar dos anos, o incidente tornou-se parte do folclore da IBM.

Posteriormente, a IBM empossou seu primeiro CEO não pertencente ao quadro da empresa, Lou Gerstner, e começou a repensar quase tudo. Em lugar de guardar seus segredos de propriedade, licenciou-os a terceiros. Além disso, passou a fornecer serviços de informática a outras companhias. O resultado foi que, sob a direção de Sam Palmisano, mais da metade da receita de 90 bilhões de dólares em 2006 partiu de negócios que não existiam em 1990. As mensagens dúbias haviam acabado.

Décimo Mandamento

TENHA MEDO DO FUTURO

> *"O medo é aquele quartinho escuro*
> *onde se ampliam os negativos."*
> – Michael Pritchard

A MAIORIA DAS PESSOAS acha sensato ter cautela em relação ao futuro. Prudência não é crime. Contudo, quando se torna o modus operandi dominante em um negócio, pode, como observei no Primeiro Mandamento, precipitar o fracasso. Vê-se isso o tempo todo no futebol. Perto do fim do jogo, o time que está vencendo começa a se fechar na defesa para proteger a vantagem que conquistou. Para de correr o mesmo tipo de risco que lhe deu a liderança na partida. E, com enorme frequência, acaba sendo derrotado nos minutos finais do jogo.

Deixar de correr riscos é um risco sério.

Mas existe uma doença ainda mais debilitante à espreita.

O medo.

Há uma grande diferença entre a cautela quanto ao futuro e o *medo* incontrolado do futuro.

Quando Franklin Delano Roosevelt afirmou que "a única coisa que tememos é o próprio medo", meus pais entenderam muito bem a mensagem. Eles seguiram em frente com toda a coragem quando, para falar a verdade, as circunstâncias em que se encontravam nos anos 1930 eram extremamente difíceis. Ainda assim, não se permitiram ter medo. Nutriam o mesmo tipo de otimismo inabalável que construiu os Estados Unidos.

É uma inspiração para mim que a expressão "Sonho Americano" tenha sido cunhada pelo historiador James Truslow Adams num livro com o pomposo título *Epic of America* (Epopeia da América), publicado em 1931, quando havia milhões de desempregados. Ele descreve o Sonho Americano como "o sonho de uma terra em que a vida seria melhor, mais rica e mais plena para todos". O Sonho Americano é uma vibrante confirmação da promessa de um futuro.

Hoje, quando esse sonho é mais acessível do que nunca, muitos olham para o futuro e sentem medo dele. Não temem apenas arriscar – temem quase *tudo*. Têm medo da vida. E essa é uma receita infalível para o fracasso.

Já estamos bem longe da época em que os comandantes das naus temiam desaparecer no que chamavam de *terra incognito*. Na moderna era científica, no mundo ocidental industrializado, o medo eterno do futuro é irracional. Contudo, se você quer fracassar, tome essa atitude.

Na antiga cosmologia grega, o maior dom dos deuses era o talento para saber como se desenrolariam os fatos – o conhecimento do futuro. Meros mortais não possuíam tal capacidade. Nem naquela época nem agora.

Ninguém sabe o que vai acontecer nos dias que estão por vir. Ninguém. Nem todos os videntes do mundo. Nem todos os computadores do MIT podem prever com certeza que o Sol nascerá amanhã. É possível que isso não ocorra. A realidade é que, provavelmente, será assim. De qualquer modo, ninguém pode fazer essa afirmação com certeza.

O homem sempre teve motivos para temer o desconhecido. Contudo, desde que nos tornamos mais instruídos e adquirimos mais embasamento científico em relação ao funcionamento das coisas, descobrimos que, de forma geral, temos cada vez menos o que temer. Possuímos uma relativa certeza de que as leis da natureza, como é o caso da gravidade, continuarão a operar com coerência. Temos uma razoável confiança de que é possível navegar e voar para lugares remotos com certa segurança. Acreditamos poder enfrentar com alguma tranquilidade uma série de doenças que, na minha lembrança, já foram um dia sinônimo de morte. Sanatórios para tuberculosos, hospitais com doentes de poliomielite e colônias de hansenianos praticamente desapareceram. Trocando em miúdos, podemos encarar o futuro com uma boa dose de confiança, isto é, com uma firmeza maior do que quando Roosevelt implorou para que não tivéssemos medo.

Os seres humanos, porém, são criaturas contraditórias. Descobrimos meios de usar os nossos métodos científicos para temer o futuro de um jeito apavorante. O fato é que, se não existirem temores reais no horizonte, nós os criamos. Com uma perversidade decidida, muita gente parece sentir um prazer mórbido em empregar os mais sofisticados tipos de projeção matemática computadorizada para prever algum desastre iminente em algum lugar. A abelhinha sul-americana foi rebatizada de abelha "assassina". E o pânico que se instalou com a gripe aviária? Todas as revistas, todos os jornais e telejornais se apavoraram com a catástrofe iminente que ceifaria a vida de boa parte das pessoas por meio do bico das aves portadoras do vírus.

De fato, embora sempre tenha havido pessimistas entre nós, de Jeremias a Cassandra, passando pelo galinho Chicken Little, eles se tornaram particularmente convincentes a partir do Iluminismo. Naquela época, muitos cientistas começaram a utilizar métodos e modelos estatísticos para formular previsões que não apenas eram sombrias, como também pareciam ainda mais funestas por, em tese, se fundamentarem em provas empíricas e raciocínio lógico. Uma coisa é uma vidente descabelada prever o fim do mundo lendo as folhas de chá no fundo de uma xícara. Isso pode ser visto com ceticismo. Mas, quando um cientista cita dados que parecem irrefutáveis para provar uma conclusão catastrófica, é difícil contradizer as informações, a não ser que a pessoa tenha a sua própria fonte de fatos e números, o que não acontece com a maioria dos leigos.

O pessimismo: 200 anos vendendo medo

O pessimismo se tornou uma indústria potente que acabou deslanchando com o britânico Thomas Robert Malthus, pastor, matemático e economista político. Muitos o consideram o pai da demografia. Além disso, ele é, com certeza, o pai do pessimismo moderno.

Em *Princípios de economia política e considerações sobre sua aplicação prática – Ensaio sobre a população*, publicado em 1798, Malthus previu que toda a humanidade estaria condenada porque a população da Terra esgotaria o suprimento de alimentos. Ele acreditava que isso ocorreria num futuro próximo, provavelmente no século seguinte. A única forma de confirmar esse desastre inevitável era, é claro, a ocorrência do próprio desastre. Assim, seguidores de sua teoria interpretaram a praga da batata – que causou um surto de fome na Irlanda, obrigando meus ancestrais a emigrarem para os Estados Unidos – como uma correção natural da superpopulação. Os períodos de escassez na Índia eram vistos com a mesma tranquila indiferença pelos vitorianos "esclarecidos", que acreditavam na terrível matemática do bom pastor.

Até hoje Malthus é o alicerce e a inspiração de boa parte da indústria contemporânea do pessimismo. Ao longo da vida, já sobrevivi aos sombrios prognósticos de Paul R. Ehrlich, autor de *The Population Bomb* (A bomba populacional). Em 1968, ele previu que milhares morreriam de fome na década de 1970 e que a expectativa de vida despencaria nos anos 1980. Isso não aconteceu. Em 1972, o malfadado relatório do Clube de Roma antecipou que haveria uma escassez de todo tipo de matéria--prima essencial por volta dos anos 1990. Isso também não ocorreu. O grupo publicou duas atualizações de *Limits to Growth* (Limites para o crescimento), ambas quase que desacreditadas já no lançamento, sobretudo porque as projeções presumiam um fornecimento estático de recursos. Os avanços em tecnologia, que descobrem ou criam recursos substitutos, foram em essência ignorados nessas análises em que os seres humanos eram vistos como um rebanho de ovelhas. É verdade que as ovelhas, entregues à própria sorte, pastarão no mesmo campo até que a grama acabe. O *Homo sapiens* (em latim, "homem sábio"), porém, teoricamente buscará maneiras de cultivar mais grama ou levará o rebanho para outro pasto.

Entretanto, existe sempre um estoque de desespero à mão. Cultivando mais grama, sem dúvida estaremos desequilibrando alguma dimensão do ecossistema, e, é claro, alguém chamará nossa atenção para isso. Nesse meio-tempo, para distrair a cabeça, ligue a televisão. Na tela, sob rajadas de vento e usando uma capa de borracha amarela, tendo ao fundo ondas enormes, está o "homem do tempo", alertando contra uma tempestade assassina que pode (ou não) estar se formando e que se dirige possivelmente para o nosso litoral. E, não se preocupe, ele voltará com mais notícias.

> *"As previsões mais catastróficas raramente se realizam."*
> – Anônimo

SOBREVIVI AO FIM DO MUNDO pelo congelamento global preconizado na década de 1970; ao "quase" fim do mundo decorrente de Chernobyl nos anos 1980; ao ainda mais definitivo apocalipse por conta do bug do milênio na virada do século XX; à morte pelo Daminozide pulverizado nas nossas frutas; ao câncer transmitido pelas fontes de energia elétrica; ao câncer provocado pelos celulares; ao câncer causado pelos corantes presentes nos alimentos; e ao câncer desencadeado pelo ciclamato do refrigerante dietético TAB.

Quando o pânico do ciclamato acometeu o mundo em 1970, muita gente na comunidade científica considerou sem fundamento a acusação, uma vez que as doses dessa substância usadas nas experiências eram imensas. A conclusão foi de que os pobres ratinhos de laboratório que acenderam a luz vermelha do câncer haviam recebido diariamente o equivalente ao consumo humano de 700 garrafas de refrigerante adoçado com ciclamato. É um espanto que não tenham se afogado. Ainda assim, essa substância foi proibida e substituída pela sacarina.

Seria de imaginar que, a certa altura, nos cansássemos de tudo isso e nos tornássemos pessimistas em relação à indústria do pessimismo. Mas isso não aconteceu.

O pessimismo: concentre-se no fracasso

Talvez, considerando-se a natureza da mídia, isso seja simplesmente inevitável. A televisão é o maior presente para o pessimismo desde o próprio Malthus. Ela é a lente pela qual vemos o mundo, e nada tem de pródiga em otimismo.

Um amigo arquiteto me garante que é possível fazer até o prédio mais lindo do mundo parecer feio. Basta, diz ele, pegar uma câmera, escolher certos ângulos e acentuar aspectos de certas formas para que as virtudes pareçam defeitos. De repente, até o mais lindo arranha-céu pode ganhar ares de monstrengo urbano.

Quando nos concentramos diariamente nos fracassos que ocorrem no mundo, isso molda a nossa postura com relação à vida e ao futuro. Sempre gostei de um antigo verso – algumas vezes atribuído a Robert Louis Stevenson, outras vezes, considerado anônimo: "Dois homens olhavam pelas grades de uma cela. Um via lama, o outro, estrelas." Uma pequena inclinação da cabeça e até um tipo de postura fazem toda a diferença na maneira como encaramos o mundo.

A indústria das notícias nunca teve a ver com boas-novas. São os fatos ruins que obrigam o público a parar e prestar atenção. E isso faz sentido. Milhões de carros seguindo em segurança é uma informação boa. Mas 10 carros engavetados numa enorme batida é notícia.

No entanto, nunca estivemos tão mergulhados em notícias. Coisas ruins acontecem em todo lugar, o tempo todo.

Com a internet e os canais a cabo produzindo matérias 24 horas por dia, sete dias por semana, estamos afundados até as orelhas em alertas de catástrofes e relatos de tragédias em todos os cantos do mundo.

Existe, ainda, outro fenômeno que aumenta várias vezes o nosso nível de ansiedade: o debate encenado. Cada vez mais, somos estimulados a crer que existem duas (ou mais) maneiras de responder a qualquer questão, até mesmo àquelas que podem ser sanadas com uma prova científica indiscutível. A nossa sociedade, que já sofre de uma considerável falta de civilidade, é também exposta a programas de televisão em que indivíduos exaltados posando de especialistas debatem um tema qualquer. A conclusão que tiramos desse tipo de entretenimento é que tudo é questionável, tudo pode ser contestado, tudo tem prós e contras. E, como o ônus da prova cabe a quem acusa, os pontos negativos nesses debates parecem, em geral, superar os aspectos positivos. Sempre foi mais fácil afirmar que o mundo está indo para o brejo. Isso é mais divertido para os comentaristas e mais fascinante, embora mais angustiante, para os espectadores.

Até poucas décadas atrás, recebíamos as notícias pelos jornais. Por mais sensacionalista que seja uma manchete, um jornal é algo bom e silencioso. O som que ouvimos ao virar uma página chega a ser confortador. O rádio, quando se transformou numa fonte importante de notícias, ainda parecia inofensivo e muito menos ameaçador do que os telejornais atuais. Na verdade, até mesmo os primeiros telejornais eram relativamente curtos e fáceis de digerir. Hoje não é mais assim. O bombardeio de informações nos força a entrar num clima de profunda angústia até quanto a questões de menor importância.

Somos caçadores de suspense obcecados por segurança.

Existem avisos explicando que a torradeira não é um brinquedinho para o banho. Nos Estados Unidos, mensagens em hotéis alertam: "A Secretaria de Saúde da Califórnia concluiu que este prédio foi construído com materiais que podem ser prejudiciais à sua saúde. Bem-vindo ao Hotel Marriot."

Em 2007, o primeiro prêmio do concurso para a escolha do Rótulo de Advertência mais Excêntrico foi dado àquele que figurava num pequeno trator: "Perigo: evite a morte!"

Basta olhar para as crianças hoje em dia. Só falta usarem capacete para sair da cama. Colocam proteção nos joelhos e cotovelos e andam de carro dentro de uma cadeirinha acolchoada. São de tal forma protegidas que nem sequer conseguem olhar para o céu.

Em *Estado de medo*, Michael Crichton diz que enfrentou um dilema terrível quando no mesmo dia leu que a cerveja ajudava a preservar o músculo cardíaco e era cancerígena.

Para coroar tudo isso, Chris Goodall, autor britânico de *How to Live a Low-Carbon Life* (Como viver sem tanto gás carbônico) e membro de destaque do Partido Verde, nos traz a desanimadora notícia de que, se caminharmos 5km até uma loja, iremos gerar mais CO_2 do que se fizermos esse percurso de carro, pois teremos de comer para poder andar, e cultivar alimentos consome tanta energia que... Ou seja, a única solução para evitar o aquecimento global é nos sentarmos todos em salas escuras, com a televisão, a geladeira e o ar-condicionado desligados. E permanecermos imóveis e famintos.

Pessimismo: a tirania do passado

John Bogle, fundador do Vanguard Funds, observou que muitas pessoas têm uma mentalidade "barco a remo". Avançam para o futuro do mesmo jeito como remam num barco – de costas, olhando apenas para o passado.

Todos se permitem uma certa nostalgia de vez em quando. Nada como o tempo para tornar mais brilhantes até mesmo alguns dos momentos mais desinteressantes da história. A tendência de nos lembrarmos do que é bom e nos esquecermos do que é ruim é própria da natureza humana. E deveríamos ser gratos por esses lapsos de memória.

Também é da natureza humana torcer o nariz para as gerações mais jovens. Santo Agostinho, Aristóteles, Homero e até os antigos assírios condenaram os jovens por não respeitarem os mais velhos, por serem preguiçosos e rebeldes e não se comportarem como nos "velhos e bons tempos".

É alarmante ler que "Mais de 11/12 das crianças em nossas escolas não entendem o significado das palavras que leem". Essa frase poderia ter sido escrita ontem, porém foi cunhada pelo educador Horace Mann em 1838. Como disse Will Rogers há mais de 50 anos: "As escolas já não são tão boas quanto costumavam ser, mas elas nunca foram boas mesmo."

Um pouco de nostalgia não faz mal. Infelizmente, existem pessoas que amam o barco a remo de Bogle e jamais superam o passado. Afinal, ele é mais ou menos conhecido, mais ou menos compreendido e, por isso, para alguns, um lugar muito mais confortável para viver do que o presente e, com certeza, mais seguro do que o futuro. Para esses indivíduos, o pessimismo é um verdadeiro fardo porque eles acreditam que o progresso é impossível – nada é melhor do que já foi e nada jamais irá melhorar. Existe uma infinidade de exemplos em que o medo do futuro acarreta o fracasso, e o vírus do medo paira todos os dias sobre os negócios.

É claro que acredito piamente na ideia filosófica moderna do progresso em si. Sem dúvida, não estamos fadados a reprisar a vida dos nossos ancestrais camponeses. Basta ver o que aconteceu no último século.

Por volta de 1900, a expectativa de vida nos Estados Unidos era de 47 anos. Naquela época, tudo o que se consumia era orgânico. O trabalhador médio ganhava 400 dólares por ano. Tivemos um presidente, McKinley, assassinado em 1901. A sociedade americana vivia então, como sempre viveu, um período conturbado. Apesar disso, não paravam de chegar ao país pessoas vindas dos quatro cantos do mundo. Elas acreditavam firmemente que o futuro seria mais próspero e mais pleno aqui.

As mudanças revolucionárias neste país reverteram várias situações que um dia foram consideradas imutáveis e irremediavelmente eternas. Houve uma época em que cartazes com a mensagem "Irlandeses não precisam se candidatar" eram comuns nas agências de emprego. Agora os irlandeses estão por toda parte.

Também houve um tempo em que qualquer porta, exceto a dos fundos, estava fechada aos afro-americanos. Gradualmente, como se vê, essas barricadas estão ruindo. Avançamos devagar, contudo mais e mais portas foram se abrindo, tanto que hoje os afro-americanos podem ocupar os mais altos cargos do planeta.

As mulheres já foram um dia excluídas de vários setores da vida, inclusive de muitas profissões e instituições de ensino.

Hoje, mais da metade das turmas de primeiro ano de faculdade são compostas de mulheres e mais da metade dos alunos de Medicina, Direito e Administração de Empresas nos Estados Unidos são do sexo feminino. Avançamos devagar, porém estamos progredindo até nos mais tacanhos bastiões do que alguns chamam educadamente de "tradicionalismo". Ou de "teimosia reacionária", como prefere o meu amigo padre Ted Hesburgh, da Universidade Notre Dame.

Shayla, minha segunda filha, fez parte da primeira turma de mulheres a pisar na Notre Dame. Era 1972, e o padre Hesburgh tomou a decisão, revolucionária na época, de que a Notre Dame, fundada em 1842, deixaria de ser uma universidade exclusivamente masculina. Eu me lembro do primeiro dia de aula de Shayla porque ainda havia muita oposição interna à ideia, e nós, assim como todos os pais das alunas pioneiras, sem falar nelas próprias, estávamos todos meio nervosos sem saber como correriam as coisas.

O dia começou com uma missa. Acompanhadas das famílias, lá estavam as 125 jovens, todas apreensivas sobre o modo como seriam tratadas na universidade. O padre Hesburgh, com sua chamativa cabeleira prateada e seus paramentos brancos, encaminhou-se ao altar. Ele, que tem uma incrível capacidade de escolher a hora certa para dizer as coisas, sabia como era crucial aquele primeiro momento para o sucesso de todo o programa. Erguendo os braços e olhando para a imagem da Virgem Maria sobre a célebre cúpula dourada, ele disse: "Maria, quero me desculpar por este lugar ter demorado 130 anos para receber tuas filhas."

Foi um instante fantástico em que todos nós, pais e filhas, nos sentimos banhados por uma onda de otimismo e de esperança em nós mesmos, na universidade e no futuro da população feminina do país.

Pessimismo: a paralisia do medo

O falecido economista Julian Simon, autor de *The Ultimate Resource* (O recurso essencial) passou boa parte da carreira questionando o conceito desalentador de uma catástrofe no estilo de Malthus. É dele o seguinte alerta:

> "O progresso que nos proporciona uma vida material mais abundante não cai do céu como um maná. Minha mensagem, com certeza, não é a de nos darmos por satisfeitos. O recurso essencial é o ser humano – sobretudo os jovens talentosos, entusiasmados, esperançosos e dotados de liberdade –, que usará sua vontade e sua imaginação em benefício próprio, favorecendo também, e inevitavelmente, todos nós."

Helen Keller, uma mulher que tive o privilégio de conhecer anos atrás, disse certa vez que "nenhum pessimista jamais descobriu o segredo das estrelas nem singrou os mares em direção a uma terra desconhecida ou abriu um novo horizonte para o espírito humano".

O problema mais grave do pessimismo exacerbado é sua capacidade de ser absolutamente paralisante. As pessoas têm um medo tão grande das consequências funestas que levantam as mãos para o céu em desespero e nada fazem. Temer o futuro é a garantia de que ele será um fracasso.

Você já reparou a frequência com que se anuncia o fim de segmentos inteiros da economia americana? O obituário do setor de manufatura foi redigido por especialistas no mínimo uma dúzia de vezes nos últimos 25 anos. Entretanto, no momento em que escrevo este livro, esse setor continua a gerar novos empregos, muito bem pagos em todo o país, que envolvem desde a indústria de robótica em Charleston até a produção de aviões em Seattle. Economias menores nas planícies do norte e no sudeste criaram um bom número de postos de trabalho em fábricas, sem falar nos campos totalmente novos que pipocam em torno da necessidade urgente de poupar energia, reduzir a poluição e melhorar as condições ambientais do planeta.

Dois professores de Administração me procuraram com a pergunta: "Baseado em sua experiência global, qual é o melhor momento para se começar um novo negócio? Em sua opinião, que precondições devem estar presentes?"

Se dermos crédito a todos os promotores do medo, jamais será um bom momento para começar seja o que for. Sempre haverá algo errado. Existirão sempre furos no modelo empresarial e problemas à espreita como se fossem minas terrestres bem perto da superfície do solo.

Contudo, se acreditarmos na criatividade essencial dos empreendedores, qualquer hora é um bom momento para começar. Quanto às precondições, basta perguntar: "Existem pessoas aqui? Elas comem e bebem? Há algum tipo de atividade econômica em andamento? Há meios de trocarmos bens e serviços? Se assim for, este é um bom lugar e um bom momento para dar início a um negócio."

Se você é otimista, pode se dar ao luxo de ser paciente. A Coca-Cola, em sua longa história, foi barrada em vários lugares durante algum tempo: em todos os países árabes, na China, na Índia e em Cuba. Felizmente, hoje estamos presentes em todos eles, exceto em Cuba. Mas os livros contábeis cubanos ainda estão abertos, e tenho certeza de que a atual direção da Coca-Cola Company espera voltar a esse país.

Para almejar qualquer tipo de liderança nos negócios é necessário ser otimista.

Por isso a minha ligação com a Coca-Cola foi sempre tão feliz. Durante a Depressão nos anos 1930, ao longo da Segunda Guerra Mundial e de outros períodos negros, nosso refrigerante sempre representou o lado ensolarado da vida. A Coca-Cola é, no mínimo, sinônimo de bons momentos.

Foi com esse ânimo que meus colegas e eu definimos o espírito da campanha publicitária da empresa no desastroso ano de 1974.

Que época aquela! O Presidente Nixon foi chamado de conspirador no infame caso Watergate e renunciou depois de cair em desgraça. Os países produtores de petróleo do Oriente Médio embargaram carregamentos de petróleo para os Estados Unidos. A escassez de gasolina afetou todo o país. O IRA promoveu sangrentos ataques terroristas em Belfast e Londres, até mesmo na loja de departamentos Harrods. Tivemos a nossa cota de terrorismo nacional, como o sequestro de Patty Hearst por um grupo autointitulado Exército Simbionês de Libertação. A Índia desenvolveu a bomba atômica. E ainda tentávamos nos retirar da Guerra do Vietnã. Trocando em miúdos, não foram bons tempos para os Estados Unidos.

Por esse motivo, era o momento perfeito para a Coca-Cola se mostrar otimista. Nosso diretor de marketing, Ike Herbert, e eu debatemos o problema e pedimos à agência de publicidade, então dirigida por Bill Backer, um indivíduo notadamente talentoso, que criasse um tema capaz de ajudar a levantar o ânimo do país. Backer bolou uma série maravilhosa e alentadora de comerciais intitulada "Look Up, America" (Levanta a cabeça, América).

Os anúncios despertaram uma reação fantástica. As pessoas chegaram a nos escrever cartas elogiosas. Ficou patente o papel singular dessa marca ímpar, a Coca-Cola, no inconsciente americano. Ela teve a capacidade de influenciar, numa pequena medida, a disposição de ânimo nacional. Com essa capacidade veio a responsabilidade de jamais fazermos algo em termos de marketing que fosse de mau gosto. Tínhamos a obrigação de demonstrar, de forma consistente, a nossa fé no futuro.

> *Para almejar qualquer tipo de liderança nos negócios, é necessário ser um otimista racional.*

Um otimista num mar de pessimistas pode fazer toda a diferença.

Aristóteles afirmou em seu tratado *Da Alma*, no século IV a.C., que existem cinco sentidos: visão, olfato, audição, paladar e tato. Desde então, existe consenso quanto a esse número. Acredito, contudo, na existência de um sexto sentido: a capacidade de perceber um estado de ânimo. Podemos chamá-lo de intuição, insight ou sensibilidade. Qualquer que seja o seu nome, os bem-sucedidos o têm. Destacados profissionais de marketing também. Assim como grandes políticos e líderes empresariais de renome.

Eles reconhecem o estado de ânimo prevalente e, quando ele é negativo, sabem como mudá-lo.

Anos atrás, a atividade de engarrafamento da Coca-Cola nas Filipinas, que sempre havia sido forte desde o fim da Guerra Hispano-Americana, entrou em queda livre. Ela era controlada por uma empresa local chamada San Miguel, cujos líderes queriam se concentrar em expandir sua atuação no setor cervejeiro. Por conta disso, começaram a ignorar os refrigerantes, ou seja, seu negócio básico. Em 1981, a situação piorou muito – as vendas da Pepsi superavam as da Coca-Cola na proporção de dois para um naquele país.

Os proprietários da San Miguel foram, enfim, persuadidos por John Hunter, um dos nossos altos executivos, a nos permitir gerenciar o engarrafamento do refrigerante por meio de um contrato de operação conjunta.

Todos os itens e equipamentos envolvidos no processo permaneceram os mesmos. Os 12 mil funcionários também foram mantidos. Fizemos apenas duas alterações. John Hunter, um australiano que trabalhara para a Coca-Cola no Japão e no litoral do Pacífico, assumiu a região em nome da Coca-Cola Company. Além disso, Neville Isdell, um irlandês que atuara com a Coca-Cola na África do Sul e por um breve período na Austrália, passou a dirigir as operações de engarrafamento, e os 12 mil colaboradores se tornaram a sua equipe.

John e Neville trabalharam juntos para mudar e dinamizar a empresa filipina de engarrafamento. Neville estimulou aqueles milhares de funcionários e promoveu a elaboração e a execução de um projeto. Havia problemas políticos nas Filipinas, o que era uma tensão adicional para todos. Àquela altura, a concorrência também se tornara muito agressiva em termos de estratégias e preços. Acima de tudo, porém, ouvindo os colaboradores, Neville percebeu que eles tinham uma autoestima muito baixa, além de uma visão pessimista, até mesmo atemorizante, do próprio futuro. Basicamente, o negócio continuava a ser o que sempre fora, mas o clima psicológico andava sombrio.

Neville chegava a vestir um uniforme de trabalho e organizar eventos para levantar o ânimo do pessoal. Tinha o hábito de passear pela fábrica, cumprimentando os operários pelo nome e pedindo notícias de suas famílias. Embarcava nos caminhões para fazer entregas e conversar com os clientes. Possuía aquele tipo de entusiasmo contagiante impossível de ser quantificado, mas fácil de reconhecer quando se vê: a liderança.

Em um ano, dois indivíduos, Hunter e Isdell, trabalhando juntos e altamente focados, reverteram por completo os resultados negativos. A Coca-Cola superou a Pepsi na proporção de dois para um.

O que Neville Isdell fez com os funcionários da companhia engarrafadora? Interagiu com eles e, basicamente, os convenceu de que eram melhores do que a concorrência. Deu-lhes também uma visão mais animadora do futuro. Era apaixonado em seu otimismo e o transmitiu a todos, do mais modesto colaborador ao maior cliente da empresa em Manilha.

John Hunter se tornou vice-presidente executivo da Coca-Cola Company encarregado das operações internacionais. Depois de se aposentar e deixar a empresa, assumiu a presidência das operações internacionais da Seagram's.

Neville dirigiu as nossas operações na Europa e tornou-se presidente de uma das nossas maiores companhias engarrafadoras. No momento em que escrevo este livro, ele é o CEO da Coca-Cola Company e ainda transmite aquele otimismo contagiante.

Os pessimistas nos dizem que o mundo nasceu no caos e que, desde então, só fez descer ladeira abaixo. Mas temos que viver com uma dose de esperança. Precisamos ter um pouco de fé nos nossos semelhantes. Devemos agir acreditando que haverá um amanhã, que faz sentido começar um empreendimento, construir uma família, apreciar um pôr do sol, seguir em frente.

Se quiser fracassar, tenha medo do futuro. Caso deseje vencer, olhe para ele com otimismo – e paixão.

O que me leva a uma seção extra – o décimo primeiro mandamento.

Décimo Primeiro Mandamento

PERCA A PAIXÃO PELO TRABALHO – PELA VIDA

> *"Nada grandioso no mundo foi realizado sem paixão."*
> – Georg Wilhelm Friedrich Hegel

MEU PAI DISSE CERTA VEZ que a genialidade dos Estados Unidos está contida em algumas palavras presentes na Declaração de Independência: "Vida, Liberdade e a busca da Felicidade." O final sempre o intrigou. Indica que os Fundadores da Nação acreditavam que deveriam existir mais coisas na vida do que somente esforço e luta. Deveria haver pão, mas rosas também.

O fato de ter sangue irlandês com certeza o expôs em certa medida ao lado sombrio e pesaroso da existência. Por isso, sentia-se duplamente impressionado com esse país que nasceu com a audácia – o incrível otimismo – de incluir a palavra "felicidade" entre seus princípios.

Felicidade. Ninguém sabe ao certo o que ela é, porém os Estados Unidos foram fundados sobre a convicção de que se pode alcançá-la.

Tenho a minha visão particular do que é a felicidade no contexto de uma carreira empresarial.

O velho ditado "Dize-me o que amas e eu te direi quem és"

é verdadeiro. O amor existe há muito tempo. A palavra inglesa *love* vem do sânscrito *lubh*, que significa "desejar". Um componente de peso da felicidade no mundo empresarial é descobrir algo que se ame fazer, seja o que for, e depois descobrir um jeito de colocar isso em prática. Para ter sucesso, é preciso haver um alto nível de puro desejo de se levantar e ir trabalhar.

Warren Buffett diz "Vou dançando para o trabalho todos os dias". Essa também sempre foi a minha filosofia.

Não que o trabalho precise ser divertido. Esse é um conceito equivocado difundido por alguns dos mais levianos profissionais da área de recursos humanos que adoram falar em "espírito de equipe" e "atuar de mãos dadas". O trabalho verdadeiro quase sempre é duro, algumas vezes exaustivo. Passar em revista as tropas (como Neville Isdell fez nas Filipinas) não é dizer às pessoas que se divirtam mais, e sim orientá-las a trabalhar com mais afinco, porque são capazes de apresentar resultados melhores. Elas merecem, para sua própria satisfação pessoal, alcançar um nível mais alto de desempenho. O trabalho duro é o que nos faz ir dançando para o escritório. É a paixão de resolver os problemas daquele dia.

Se quiser fracassar, perca essa paixão pelo que você estiver fazendo, seja o que for. Mate o entusiasmo. Diga a si mesmo: "Já está bom", "Esta não é a minha função", "Pouco me importa", "Estou para me aposentar mesmo".

Todos nós conhecemos pessoas que agem assim. São os autômatos sisudos. Eles existem em todos os ambientes de trabalho – indivíduos que se deixam assar no fogo brando do próprio sofrimento, amaldiçoando a escuridão em lugar de acender uma vela. Sabemos quem são esses fracassados. Ainda que consigam ganhar bem, são perdedores porque têm um nível baixíssimo de expectativa em relação a si mesmos e aos que os cercam.

Nunca encontrei um indivíduo bem-sucedido que não expressasse seu amor pela própria atividade e não se importasse apaixonadamente com ela. Jamais vi um líder empresarial, ou um político, ou um jornalista, ou um artista, ou um professor, ou um médico – ou qualquer outra pessoa que tenha uma verdadeira paixão por seu trabalho – que se imaginasse executando qualquer atividade que não a sua. Eles chegam até a parecer meio fanáticos.

Sei muito bem que nesta era em que as carreiras podem englobar vários empregos em empresas distintas, a noção de paixão soa antiquada. Como se apaixonar por qualquer coisa que vá durar apenas alguns anos e depois ser trocada por outra? Que sentido isso faz?

Ora, esse é mais um motivo para se apaixonar.

Eu disse no início que não tinha fórmulas infalíveis para o sucesso. E é verdade. Mas posso dar um ou dois conselhos sobre como desenvolver a paixão pelo próprio trabalho. Acredito firmemente que ela possa ser cultivada.

Shakespeare escreveu "O mundo é um palco".

Em *A representação do eu na vida cotidiana*, Erving Goffman discorreu sobre a frase de Shakespeare, observando que, seja lá o que façamos, todos temos que ser *intérpretes*, de um jeito ou de outro – e quase sempre de vários papéis diferentes. O balconista interpreta para os clientes da loja. O garçom, para os frequentadores do restaurante. O advogado, para os clientes, para o juiz e/ou para os próprios colegas. O médico, para os pacientes e/ou para os colegas. O executivo, para os funcionários e/ou seus supervisores.

A fim de obtermos sucesso com as nossas múltiplas interpretações, precisamos nos esforçar para criar um vínculo emocional com a plateia, seja ela qual for, em determinado ambiente. Temos que despertar, dentro de nós, um estímulo emocional intenso pelo que estivermos fazendo no momento em que estivermos executando aquilo. É preciso que nos vejamos em nosso papel. Que entendamos que papel é esse naquele instante.

Certa vez, quando estava no colégio, reclamei de uma matéria chata. Minha mãe me disse: "Donald, não existe matéria chata. O que é chato é a sua recusa em tentar descobrir o que a torna interessante."

Ao longo da minha vida, em diversas situações em vários países, fiz um esforço consciente para me voltar para o momento presente e estabelecer um vínculo emocional com as pessoas envolvidas. Procurei bloquear as questões e os ruídos periféricos e ouvir com atenção os indivíduos com quem eu estava interagindo – e descobrir o que tornava interessante a sua preocupação específica. Em poucos segundos, descobria que eu era capaz de partilhar esse interesse.

Enfrentei muitas situações desagradáveis em que desejei não ter que executar uma tarefa que me cabia realizar. Mas então examinava a situação e raciocinava: "O que pode ser extraído de positivo disso? Qual é o aspecto redentor dessa situação? O que preciso fazer para revelá-lo?" E quase sempre descobri algo bom porque estava determinado a isso. Mesmo quando a incumbência era demitir alguém, o que, provavelmente, é a pior obrigação a cumprir, busquei maneiras de orientar o funcionário a procurar uma carreira mais promissora ou uma empresa mais adequada ao seu perfil.

Precisamos ser apaixonados pelo trabalho que devemos executar para que possamos alcançar o melhor resultado possível. A maneira mais fácil de desenvolvermos uma paixão interior num ambiente profissional é focar, mental e emocionalmente, quatro aspectos desse mundo: os clientes, as marcas, os funcionários e, por fim, os nossos sonhos.

Crie um vínculo emocional com os clientes

Procure se lembrar todos os dias do que o cliente está buscando, do que ele espera da sua empresa. É um produto? É um serviço? É experiência? É ajuda, atenção, conselho, opiniões abalizadas? Talvez seja tudo isso. Talvez seja uma coisa diferente para cada cliente. No entanto, faça sempre o melhor possível para pensar como essas pessoas que vão pagar para que você lhes forneça algo ou lhes preste um serviço. É muito fácil perder o foco no cliente, pensar sem paixão sobre uma massa amorfa chamada mercado ou segmento de mercado.

Não existe, exceto como abstração estatística, algo chamado segmento de mercado. Existem pessoas. Elas têm rosto. Visualize seu público. Imagine pessoas específicas e se esforce para pensar exatamente naquilo que você fará por elas naquele dia. Durante anos, mantive na minha sala uma foto que mostrava uma mulher de uns 30 anos empurrando um carrinho de compras abarrotado e segurando no colo uma criança de três anos aos prantos. Sua expressão era de angústia. A legenda dizia: "Esta é a consumidora do seu produto."

Quando trabalhava na Foods Division da Coca-Cola e mais tarde na própria Coca-Cola Company, eu passava com frequência em supermercados e lanchonetes e conversava com os clientes. As agências de publicidade nos descreviam o protótipo do consumidor, fornecendo montanhas de dados estatísticos sobre suas preferências e seus estilos de vida. Contudo, de vez em quando, eu precisava ouvir a voz dessas pessoas. Considerava necessário estabelecer um vínculo emocional, uma ligação apaixonada com aqueles que eu desejava atender. Queria me importar com aquela moça, com aquele homem, com aquela família. Eu desejava sinceramente que eles tivessem uma experiência agradável com os nossos produtos.

Crie um vínculo emocional com as suas marcas

Apaixonei-me por aquilo que jamais vendi na vida. Meus relacionamentos mais intensos envolvem Mickie, os meus filhos e os meus netos. Em seguida, vêm as marcas que tive o privilégio de representar. Ao longo de décadas, foi a Coca-Cola; hoje, são a Allen e a Allen & Company.

Embora nem sempre eu tenha obtido sucesso nessa empreitada, sempre quis proteger essas marcas, fortalecê-las e aprimorá-las ainda mais. Se fossem novas, me esforçava para cultivá-las e lhes dar um forte alicerce.

A marca, ou o nome fantasia, é a força mais poderosa de um negócio. Sem ela, estamos lidando com simples mercadorias, e qualquer um pode aparecer e abocanhar um pedaço do nosso negócio. Com uma boa marca, porém, temos uma arma para defendê-lo e uma base sobre a qual construir o futuro. Se você vende lenços de papel, está trabalhando simplesmente com um produto que muitas outras pessoas comercializam. Contudo, se vende Kleenex, você tem algo especial a oferecer.

Não existe substituto para uma marca sólida. Isso é comprovado toda hora e de diversas maneiras. Em 2007, o poder da marca foi mais uma vez demonstrado num estudo realizado em Stanford. Alimentos triviais e idênticos – leite, suco de maçã e cenouras – foram dados aos participantes do teste em embalagens diferentes. Uma delas era de papel comum, enquanto a outra exibia os conhecidos arcos amarelos do McDonald's.

É claro que você já adivinhou o resultado. Independentemente do alimento, os participantes preferiram a embalagem do McDonald's. Até as cenouras lhes pareceram mais saborosas.

A marca é algo mágico e floresce nas mãos daqueles que entendem a sua magia e a tratam com carinho apaixonado. Um escritório de advocacia se torna uma marca. Um hospital, também, e, num sentido bastante concreto, os Estados Unidos são uma marca. Tratada com amor, a marca desperta paixão entre os consumidores e, devo acrescentar, entre os investidores.

Tratada mal, como foi a cerveja Schlitz, a marca, e talvez toda a empresa, simplesmente desapareça.

Crie um vínculo emocional com os funcionários

Muitas organizações gostam de cultuar a seguinte frase: "As pessoas são o nosso maior patrimônio."

Tive a sorte de fazer parte de empresas que foram sábias a ponto de levar a sério esse clichê. Meu atual lar corporativo, a Allen & Company, tem uma cultura ímpar que, como disse Herbert Allen, é "um estado de bem-estar para os funcionários e de capitalismo bruto para os altos executivos". Sob essa filosofia administrativa tão eficaz, os colaboradores são generosamente pagos e, com frequência, recebem bônus significativos que, nos melhores anos, equivalem a seus salários. Os diretores, contudo, não têm redes de segurança. Ganham uma porcentagem apenas sobre os negócios que são capazes de gerar. Esse método pode não funcionar bem em todas as empresas, mas parece satisfazer todo mundo que trabalha na Allen & Company, e o índice de lealdade reflete esse contentamento. A cultura da Allen é considerar os funcionários o nosso maior patrimônio, pois é isso que eles são.

Com base nas provas, porém, não são muitas as empresas que acreditam nisso. Se fosse assim, todas elas estariam na lista da *Fortune* que relaciona os melhores lugares para se trabalhar nos Estados Unidos e não veriam seus talentos mais valiosos se bandearem para outras companhias.

Já mencionei um dos motivos que levam os funcionários a deixar uma empresa – a burocracia sufocante.

Outro motivo que contribui para que eles peçam demissão é não terem nada que desperte sua paixão. Towers Perrin, um recrutador de talentos, fez uma pesquisa e descobriu que mais de 35% dos funcionários em todo o mundo se descreviam como desligados e desencantados.

Para os bons colaboradores, embora dinheiro e poder sejam importantes, o fundamental é a oportunidade de participar de algo que faça brotar uma chama apaixonada de entusiasmo. Não existe motivação maior do que entregar a uma pessoa um desafio que exija uma dedicação profunda, apaixonada e todo o seu esforço.

Em 1907, Ernest Shackleton tentava arregimentar uma tripulação para acompanhá-lo em sua viagem de exploração ao Polo Sul. Publicou um anúncio no *Times* de Londres com a seguinte mensagem: "Procuram-se homens para viagem perigosa. Paga-se mal. Frio implacável. Longos períodos de completa escuridão. Sem garantia de retorno seguro. Honra e fama em caso de sucesso." Na manhã seguinte, reza a lenda, mais de 5 mil homens fizeram fila à porta do escritório do jornal esperando figurar entre os poucos escolhidos para a aventura.

A maioria das pessoas tem um forte desejo – um ímpeto passional – de realizar algo que valha a pena, até mesmo quando as chances são reduzidas. Dê-lhes uma peça importante do quebra-cabeça e elas tentarão completá-lo para você. Em qualquer negócio, se um desafio importante for apresentado com entusiasmo aos funcionários e se lhes for mostrado como sua dedicação apaixonada e seu talento podem ser direcionados para enfrentar tal situação, minha experiência diz que um sentimento vital de euforia se espalhará como eletricidade, contagiando a todos.

A paixão numa área acende a paixão em outros setores. É contagiante e desperta novas ideias e uma nova energia.

Crie um vínculo emocional com os seus sonhos

Os sonhos não se tornam realidade apenas porque assim desejamos. Todavia, se os internalizarmos, os acalentarmos e nos propusermos a visualizá-los concretizados, a chance de se realizarem aumenta. Estamos todos no que Teilhard de Chardin chama de estado de "transformação". Ele escreveu sobre o esforço para alcançarmos o ponto ômega, quando as forças se aglutinam em nossa vida e chegamos o mais perto possível da perfeição. Nunca a atingimos, porém o que conta é o empenho.

Um dia você vai parar de fazer o que faz agora. Pense no espaço que você ocupa no mundo neste momento e pense em como gostaria de deixá-lo quando seguir em frente.

Muita gente morre sem aprender esta lição valiosa: há coisas mais importantes na vida do que ter tudo. Durante a sua trajetória profissional, em todos os cargos que ocupar, imagine que aquele é o último emprego que você terá e, por isso, seja ele qual for, comprometa-se a deixar o trabalho realizado ali em condições melhores do que aquelas em que o encontrou.

Os 10 mandamentos que descrevo neste livro vêm com a minha garantia pessoal de que, se você os cumprir com zelo e constância, seu fracasso será líquido e certo.

O Décimo Primeiro Mandamento, contudo, é o mais importante de todos porque a paixão é o fator essencial para manter e expandir o sonho de uma vida bem-sucedida. Usufruí os benefícios desse sonho durante toda a minha vida e espero que eles se estendam a outras pessoas por muitas gerações.

O otimismo e a paixão são a matéria-prima do tecido de que também são feitos o progresso social e a liderança.

Se quiser fracassar, ignore esses fatores psicológicos.

Mas, caso deseje vencer, aplique-os com o objetivo de transformar o espaço que você ocupa no mundo em um lugar melhor.

Um pequeno alerta: não tenha medo das críticas que uma grande dose de entusiasmo e otimismo às vezes é capaz de gerar entre os céticos, os "realistas".

"Seja realista" é um conselho apropriado em algumas situações. Contudo, antes de adotá-lo de imediato, pergunte-se se ser realista não é apenas um meio fácil de descartar um objetivo mais nobre, mais idealista – uma visão de algo extraordinário que talvez os outros à sua volta ainda não tenham visto ou entendido.

"O homem sensato se adapta ao mundo.
O insensato insiste em tentar adaptar o mundo a si próprio.
Todo progresso, portanto, depende do homem insensato."
– George Bernard Shaw

NOSSO PLANETA, COM seus mais de 6 bilhões de seres humanos falíveis e todos os seus erros trágicos, ainda é um lugar maravilhoso. Para onde quer que olhemos, existe alguma coisa que pode ser aperfeiçoada. Embora muitos discordem dessa ideia, sempre acreditei que os negócios são um dos instrumentos essenciais para criarmos oportunidades melhores para as pessoas em todo o mundo. Prestar serviços na comunidade empresarial é mais do que um privilégio. Com isso vem a responsabilidade de tornar tudo melhor do que era antes. Durante a minha afortunada vida no empreendimento Coca-Cola, testemunhei exemplos disso nos quatro cantos do planeta.

Há uns 600 anos, Santo Agostinho escreveu: "A esperança tem duas lindas filhas. Seus nomes são Raiva e Coragem. Raiva porque as coisas são como são. Coragem para fazer com que sejam como deveriam ser."

Se você deseja um mundo melhor para seus filhos e netos, creia. Acredite que uma pessoa pode fazer a diferença. E que ela pode ser você.

Você irá fracassar se... parar de correr riscos, for inflexível, se isolar, acreditar que é infalível, jogar próximo à linha do pênalti, não parar para pensar, confiar cegamente nos especialistas e nos consultores externos, amar a burocracia, enviar mensagens confusas e tiver medo do futuro.

Mas no lado positivo, há a redenção. Reaja a tempo, reconheça os sinais de perigo e, provavelmente, você conseguirá se libertar de uma ou mais dessas armadilhas. Às vezes, evitá-

-las é difícil tanto para as pessoas quanto para as empresas. Como confessei, os dirigentes da Coca-Cola Company, entre os quais me incluo, cometeram alguns desses erros. Todavia, nunca por muito tempo. Isso acontece com grandes organizações e com pessoas inteligentes. Não importa o que ocorra, elas jamais ficam atoladas no fracasso. Embora caiam, sempre encontram formas de se erguer e seguir em frente.

> *"Riram de Joana d'Arc, mas ela foi em frente apesar de tudo."*
> – Gracie Allen

AGRADECIMENTOS

Nenhum livro, nem mesmo um que seja curto, é resultado do esforço de um só indivíduo. Ao longo dos últimos 25 anos, estive ligado a duas pessoas que me ajudaram a burilar a minha comunicação oral e escrita. Uma delas é John White, um maravilhoso revisor; a outra é David Blomquist, que me ensinou a criar mensagens apropriadas a qualquer plateia.

Niall O'Dowd, cofundador e editor da *Irish American Magazine* e do *Irish Voice*, foi um confidente no processo de edição deste livro, que não teria sido publicado sem a determinação de Adrian Zackheim, fundador e editor da Portfolio, e de Courtney Young, minha editora.

Agradeço também a pessoas maravilhosas com quem trabalhei, como Paul Gallagher, Clarke e Gilbert Swanson, Charles Duncan, Luke Smith, Paul Austin, Roberto Goizueta, Barry Diller, Jack Welch e Jimmy Williams.

Meus agradecimentos especiais a Robert W. Woodruff, patriarca da Coca-Cola Company; Warren Buffett, um amigo querido; Herbert Allen, da Allen & Company; e ao padre Ted Hesburgh, presidente emérito da Universidade Notre Dame.

Por último, uma palavra especial de gratidão aos meus pais, Veronica e Leo; à minha mulher, Mickie, e aos nossos seis filhos e 18 netos.

INFORMAÇÕES SOBRE OS PRÓXIMOS LANÇAMENTOS

Para receber informações sobre os lançamentos da EDITORA SEXTANTE, basta cadastrar-se diretamente no site www.sextante.com.br

Para saber mais sobre nossos títulos e autores, e enviar seus comentários sobre este livro, visite o nosso site www.sextante.com.br ou mande um e-mail para atendimento@esextante.com.br

EDITORA SEXTANTE
Rua Voluntários da Pátria, 45 / 1.404 – Botafogo
Rio de Janeiro – RJ – 22270-000 – Brasil
Telefone: (21) 2286-9944 – Fax: (21) 2286-9244
E-mail: atendimento@esextante.com.br